Fany Puyesky

MANUAL PARA DIVORCIADAS

(ou o que toda divorciada ou futura divorciada deve saber)

Tradução de Ernani Ssó

L&PM EDITORES

Tradução: Ernani Ssó
Capa: Ivan G. Pinheiro Machado
Revisão: Grázia Pinheiro Machado, Flávio Dotti Cesa
Digitação: Jacira Oliveira Silveira
Produção: Fernanda Verissimo, Jó Saldanha

ISBN 85.254.

P994m Puyesky, Fany
Manual para divorciadas: ou o que toda divorciada ou futura divorciada deve saber / Fany Puyesky; tradução de Ernani Ssó. -- Porto Alegre : L&PM, 1996.
124 p. : il. ; 21 cm.

1.Mulher-Sociedade-Divórcio. I.Título.

CDU 396.6:173.1
173.1:396.6

Catalogação elaborada por Izabel A. Merlo, CRB 10/329.

Matriz: Rua Padre Chagas, 185/802 - 90.570-080 - Porto Alegre - RS
Filial: Rua Marcelina 672 - Lapa - 050044-010 - São Paulo - SP

Impresso no Brasil
Verão de 1996

Epitáfio:

"Alguns homens são como os vestidos brancos... não resistem à segunda vez."

Fany Puyesky

Nota: Qualquer semelhança com a vida real é uma mera casualidade. Realmente, se chegassem a existir personagens como os aqui descritos – que só vivem na fantasia da autora, claro – seria melhor que vocês lessem este manual.

ÍNDICE

Introdução

Já faz bastante tempo que se vem publicando livros que ensinam às pessoas coisas que devem saber... segundo supõe o autor da obra. Tratam, por exemplo, o tema de "como fazer amor com a mesma pessoa o resto da sua vida". Pergunto-me: mas existe alguém que realmente se interessa por isso? Duvido. Pelo menos nós, as divorciadas, não.

Há livros com intenções semelhantes. Mas a quem ocorreu ensinar as mulheres que hoje caracterizam o mundo? Refiro-me a Lady 'Di (futura divorciada), Madonna, Cher, Jane Fonda, Tina Turner, Nacha Guevara e à infinita gama que vai até as mais garotinhas, o que me faz afirmar que nós, as divorciadas e futuras divorciadas, somos a maioria.

Claro, para as mentalidades obsoletas que abundam ainda – principalmente nestas latitudes – e se negam a aceitar a realidade, as mulheres continuam sendo as últimas, e as divorciadas (em geral) não existem, ou melhor, deixam de existir (socialmente).

Observem a semântica: a divorciada já não é mais mulher, se chama "a ex-mulher de", como se fosse um fantasma de mulher. E para alguns continuará sendo até que se converta na nova mulher de. Ou seja, é despojada do seu estatuto de mulher. Em troca, não se diz "o ex-homem de". Não, ele continua sendo homem, enquanto que ela é ex-mulher de.

Como disse, não ocorreu a ninguém ensinar as divorciadas. A ninguém... Salvo a mim.

E de passagem ensinarei o resto do mundo sobre este fenômeno da sociedade pós-moderna que são as novas divorciadas, e seu novo modo de encarar o assunto...

Lamentavelmente este livro chegará demasiado tarde para muitas. A outras, em troca, ajudará a evitar erros e a prevenir sofrimentos inúteis. Destino pois este Manual a elas, de quem ninguém, salvo eu, se ocupou *jamais.*

Adiantaremos, desde o prólogo, o léxico usado e daremos algumas definições.

DEFINIÇÃO DE SUJEITO DIVORCIADA

O que é uma Sujeito Divorciada?

Sujeito Divorciada, que daqui para a frente chamaremos SD, é uma mulher... que se divorciou... quer dizer, que decidiu estar só, civilmente falando.

As que já tinham suplente não entram nesta definição.

É, então, um estado civil que redundou em benefício das mulheres, que antes nunca podiam se livrar de maridos indesejáveis (para elas, claro). Assim, pois, é um estado civil satisfatório para as que o escolhem.

Logo dividiremos as divorciadas em três categorias, mas nosso interesse é instruir, primeiro globalmente, esta grande parte da humanidade – divorciadas e futuras divorciadas – que necessita instrumentar-se para o trabalho que a espera.

Por um lado, deverão impor a certa parte da sociedade que serem "mulheres sozinhas" é uma escolha livre e não supõe diminuição da cidadania. Por outro, deverão lutar com as ameaças que sob uma forma gentil (às vezes nem tanto) implicam certos homens.

Categoria de homens

Também dividiremos os homens em três categorias: os que valem a pena, aos quais chamaremos HPD, ou seja, Homens Propriamente Ditos (não estudaremos estes, vejam por que no final desta introdução), os Sujeitos Experimentais (a seguir SE) e os Corvos.

Definição de Sujeito Experimental

É todo indivíduo da espécie humana, gênero masculino, que ouvindo a palavra mágica "divorciada" se galvaniza imediatamente. Em seu cerebrozinho começam a brilhar cartazes que, entre luzes coloridas, dizem: sozinha, triste, desiludida, em busca de afeto: "Ao Ataque" (à perseguição sexual). E a ele se lança numa espécie de compulsão que o faz mobilizar toda sua infantaria, sua cavalaria (se a tem) e a sedução que *acha* que tem e que em geral é pouca e repetida. Principalmente repetida... Tão repetida que fizemos um Manual sobre isto.

O Homenigrama: Notícias preliminares

Neste momento especial de sua carreira de SD, o início, quando precisa do Manual, ela aprende e se diverte com os SE. Pensa: "Então querem se divertir comigo? Pois sim! Eu é que vou me divertir à custa deles". Assim monta seu pequeno laboratório portátil, confecciona seu Homenigrama e organiza seu arquivo. Um conselho útil: é melhor que as fichas sejam móveis, do tipo de tirar e botar, e que os arquivos nunca sejam definitivos. Assim, por exemplo, em caso de aperto – ou no inverno – sempre se pode recorrer a uma ficha de anos passados.

As fichas devem ser numeradas da seguinte maneira: acima, o número do Sujeito Experimental e o ano. Explico: o primeiro

SE de 1996 deve ser numerado 1/96, o segundo 2/96 e assim sucessivamente até completar o ano. No próximo ano seguir-se-á o mesmo método. Aqui, como se darão conta, os Sujeitos Experimentais se convertem em Objetos Vivenciais de Estudo. Ah... homens, como lhes cai se sentirem objetos? Mal, não? Lamento, é inevitável, vocês são descartáveis como os ministros de Economia, tanto faz um como outro, pra que tanta encheção?! Melhor que se acostumem logo.

Ah, além de fichá-los como SE 1/96 etc., convém chamá-los por seu número. Nós, as SD, somos umas *ladies*, não andamos por aí queimando homens. Nem nós nos queimamos com eles.

Definição de Corvo

O Corvo é um tipo de SE. É o pioneiro, o precursor, o *boyscout* dos SE. É o primeiro a aparecer e o último a se retirar. A única maneira de fazer com que se mande é a divorciada se casar ou se cansar, ou se cansar e se casar. Mas tem uma grande diferença com o SE: a divorciada – fora o caso do ombro-consolador, que veremos – jamais leva a sério um corvo, enquanto pode chegar a levar um SE, se este merece.

E por que os chamamos corvos? Escolhemos esta palavra entre similares do reino animal porque:

– O tubarão já foi demasiado usado pelo cinema. E além disso nem sequer caminha.

– O leão é demasiado distinto: é o rei da selva, embora seja a leoa quem alimente ele e os filhotes.

– O gavião não pode ser comparado de maneira nenhuma: é um caçador educado, que voa alto e escolhe suas presas entre aves que também voam alto.

O corvo, pelo contrário, qualquer coisa que vem ele traça.

Definição dos Homens Propriamente Ditos

Homens Propriamente Ditos ou HPD são todos os demais integrantes do gênero masculino que não se considerem, postulem ou atuem como SE ou corvos. Aqueles (os SE) e estes (os corvos), lendo atentamente este Manual, também poderão aprender, porque é a história de seus fracassos. Desejamos-lhes que, ao conhecerem melhor as mulheres, tenham mais sucesso nas próximas vezes.

PRIMEIRA PARTE

OS CORVOS

I

A PASSAGEM À DISPONIBILIDADE E OS CORVOS RONDANDO

A divorciada deve saber que a partir do dia em que se comece a comentar por aí que passa novamente ao setor de disponibilidade, o mundo se dividirá em duas partes: 1) Ela, e 2) os Homens.

Estes homens dirão:

a) que ela é divina

b) que é muito sensual

c) que sempre a desejaram ou amaram, mas nunca lhe disseram por respeito a seu marido. (Note-se: ao marido, não a ela)

d) que está melhor do que nunca

e) que está na melhor idade (qualquer que seja)

f) que está muito mais bonita

g) como nunca a vi antes?

h) que o marido nunca a mereceu

i) etc., etc.

Os homens que dizem isto são Corvos Rondando. Não esquecer esta importantíssima lição. É o ABC da divorciada ou futura divorciada. Para não esquecer, repetir toda noite até cem vezes antes de dormir: "São corvos rondando, são corvos rondando".

Geralmente, estes corvos são conhecidos do marido ou amigos (se o marido foi um sem-vergonha digno de tais amigos), companheiros de trabalho dela, etc. Enfim, aqueles que por sua estratégica posição têm melhor acesso à SD. Mas deve se lembrar que este é apenas um exemplo: na verdade qualquer homem pode se transformar em Corvo Rondando.

A situação descrita deve ser aproveitada da seguinte maneira: a divorciada deve se sentir adulada, o que lhe cairá muito bem (por hora; logo chegará o momento em que se chateará, mas por aí já não precisará mais de lições ou regras); deve fomentar essas adulações por meio de uma volta muito sutil à feminilidade já um tanto esquecida – sejamos sinceras – no casamento, mas por ele, não por ela. Deve ouvir tudo, mas não acreditar em absolutamente NADA. Essas adulações darão ânimo para maquilar-se, vestir-se e cuidar-se, o que por sua vez lhe permitirá notar que os homens a olham.

Também a olhavam antes, mas ela não se dava conta porque:

– Ela não se cuidava como agora e a olhavam menos (nós, mulheres, entramos pelos olhos; por mais culta e inteligente que você seja, deve ir ao costureiro e ao cabeleireiro).

– E, sobretudo, ela não os olhava.

Mas não se pense que neste primeiro capítulo se resume toda a sabedoria dos Corvos Rondando. Não. Há alguns muito mais sutis e perigosos, com mil caras. Veremos exemplos.

II

Outros exemplares de Corvos

a) O que não diz versos

Não nos faz nenhuma das manifestações anotadas no Capítulo I. Seu estilo é silencioso e portanto perigoso, porque podemos considerá-lo diferente. É preciso examiná-lo cuidadosamente, já que pode ser:

1) Sincero e diferente. Mmmmm? (ver Dicionário). Olhá-lo fixo nos olhos. Quem sabe pode vir misturado um Homem.
2) Igual aos demais corvos mas mais inteligente. Portanto, fala menos.
3) Igual aos demais corvos mas menos inteligente. Portanto, fala menos.
4) Igual aos demais corvos mas totalmente imbecil. Portanto, não sabe falar.
5) Igual, mas com outro sistema. É preciso averiguar qual. A este tipo de indivíduo é conveniente se dedicar um pouco de tempo: sempre aprendemos algo.

Destes exemplos, o mais perigoso é o CONTRA-CORVO, pois entre os múltiplos disfarces que utilizam os corvos para nos desconcertar, ele escolheu o melhor: o de Homem. Quando está bem disfarçado quase não se nota a diferença com um Homem de verdade.

b) O corvo ombro-consolador

É atípico. Começa trabalhando voluntariamente de ombro-consolador da SD... e acaba se tornando, quase inexoravelmente, o segundo marido (etc., etc.).

Regra: se lhe interessa um determinado homem, ponha-o a trabalhar de ombro-consolador.

Regra para casadas: se seu marido está trabalhando de ombro-consolador de sua melhor amiga, decida-se... ou você aproveita a situação e procura um novo ombro (lhe recomendo tipo uns vinte anos mais novo do que o modelo anterior) ou ficará sem ombro... e sem esse homem.

Também aconselho esta última situação porque, entre as múltiplas vantagens que o caso oferece há esta: você ficará com um ex-homem com complexo de culpa (CCC), que é o que melhor cumpre com a divisão de bens, as pensões, etc. Ficará também sem sua melhor amiga, livrando-se de dois chatos mortais para sempre. Eles, em troca, continuarão chatos e chateando-se entre si.

Realmente, este é um processo pouco estudado, mas supomos que a melhor explicação é, como sempre, a mais direta e realista. O corvo-ombro queria ser o segundo, terceiro, etc, marido. E portanto se converteu rapidamente em ombro-consolador, o que lhe deu vantagem frente aos demais corvos.

c) O corvo-violador de mentes

Costuma aparecer quando a SD recém se separa e ainda anda meio perdida em seu novo estado. Surge então o corvo-violador de mentes, geralmente casado, tratando de convencer a SD de que ela não leva a vida que deveria e que necessita alguém que a apóie, mas não como ombro-consolador, isso nunca, já vimos o porquê. Ele vai violar sua mente – seu corpo não lhe interessa, isso virá sozinho, de quebra – para que ela aprenda a VIVER (com maiúscula) e com ele.

d) O corvo casado

Sim, estimadas alunas. Os casados são os primeiros a aparecer, é a cruel realidade. O casado, quando é corvo, tem suas artimanhas e esquemas repetidos, não só com as divorciadas mas com todas as outras.

Para não chateá-las, menciono alguns de seus ditos: minha mulher não me entende, faz tempo que não fazemos amor, tem cheiro de bife no cabelo (que malditos, o bife que eles comem!).

Estas e outras expressões funcionam bem com as mulheres que interessa a ele conseguir: as que não lhe compliquem em nada a vida, que não lhe exijam uma boa sexualidade nem inventem coisas novas que o assustem, nem lhe atrapalhem os esquemas, sobretudo os sexuais que, como corvo que é, funcionam mal (por algum motivo é corvo) mas dão a ele a segurança de acreditar que é um tremendo macho... como queria seu papai, que vá se saber como era. Ele, com uma horinha de infidelidade de vez em quando, se mantém em forma... em forma de corvo. Ele acredita em todas as lorotas que os demais homens lhe contaram quando era menino e porque tem uma caderneta cheia de nomes de mulheres (das quais às vezes nem se lembra da cara ou do cheiro) tem algo para contar aos amigos. E se não tem, inventa. Porque a este corvo não interessa desfrutar... apenas contar.

Aqui faremos um importante esclarecimento: não se deve confundir corvos casados com homens casados. A estes últimos dedicaremos todo um capítulo na parte que trata sobre Sujeitos Experimentais. Como vocês verão, eles estão num degrau superior ao dos corvos.

Voltando ao tema dos corvos casados, algumas vezes encontram uma mulher de que gostam um pouco mais (não muito) e então devem inventar coisas novas, com o fim de se fazerem indispensáveis e de que ela sinta saudade se desaparecem. Nessa tática é que costumam rondar perto da casa ou do trabalho da divorciada, levá-la para dançar, esperá-la na psicóloga... todas essas coisas que os maridos não fazem. Atenção: enquanto dura essa etapa, são esplêndidos motoristas, com conseqüente economia de nossa energia, tempo, gasolina e trabalho.

Vocês pensarão: que cinismo! Cinismo deles que nos dizem: "A única coisa que me interessa na nossa relação é sua amizade. Claro que um dia quero ir pra cama com você, mas isso é o de menos". Dizem isso... mas acontece que, a cada dia que passa, esse dia é o mais importante.

O corvo casado tem uma estrutura pré-moldada de infidelidade na qual trata de inserir a gente: apartamento, noites de diretório ou de clube ou de partido ou de velório ou de sindicato ou cliente do exterior. Sempre vem com a mesma cantilena: "Vamos para o apartamento? Você quer ver como decorei o apartamento? Vamos comprar uma garrafinha de vinho e um galeto para levarmos ao apartamento?" Ufa, apartamento... Além disso, sua estrutura é doméstica, como sua cabecinha. Não lhe ocorre nada que não seja repetir a domesticidade a que está acostumado no lar. O estranho destes corvos, como veremos, é que se sentem atraídos por mulheres não-domésticas... para domesticá-las, argumentariam eles. Porque, além de corvos, são bobos.

Quando a gente se enche deles, afugenta-os pedindo qualquer coisa: uma flor ou tempo. Quando descobrem que têm de dar algo, não voltam. Disse que são bobos? Não se ofendam, mas como se pode explicar que digam coisas como esta: "Você se dá conta de como é importante pra mim? Agora tinha de estar fazendo isto ou aquilo e larguei tudo para estar com você". Ela, onde deveria estar? Na aula de bordado?

Para nós não valem nada. Talvez valham alguma coisa para a esposa, embora duvidemos*.

e) O corvo machista

Eles são produto de uma acumulação, já que ser corvo é por si só ser machista. E, como dissemos também, ser ambas as coisas é ser bobo, assim que podemos usá-los como nos convém e nem vão se dar conta... mais, pensarão que é o contrário.

---

* Esclareço que não tratamos de Amor neste Manual. 1. Não se trata de um Manual sobre Amor, mas sobre divorciadas. 2. Quando se trata de amor, ninguém dá bola para ninguém, portanto não vale a pena escrever sobre ele. 3. Depois de terem lido isto (modestamente), as SD se acharão em melhores condições para se apaixonarem pelos sujeitos mais convenientes.

f) O corvo espremedor ou gigolô

Este se usa a si mesmo para poder espremer alguma ingênua, em geral viúva. A pobre acredita nele... tomara que quando desperte do sonho romântico reste algum dólar no banco.

Conselho para a dama: nestes casos, chamar a advogada antes, durante e depois do sonho romântico; no começo e durante não seguirão os conselhos, mas depois... com uma boa cancha algo pode ser resgatado.

g) O corvo chatíssimo

É o ponto final, não se sabe se da carreira do corvo ou da SD para suportar corvos. Tudo o que ele disser a chateia, ou porque ele lhe disse muitas vezes ou porque ela ouviu muitas vezes em outras ocasiões.

E agora perguntamos: por que os corvos nos molestam? Por que não podemos ir sozinhas a uma praia solitária ou a um pub tomar uma cerveja, ou caminhar de noite sem que se sintam na obrigação de encher? Esses senhores se acham os donos exclusivos das ruas, dos lugares noturnos, dos bares?

E o que dizer dos bandos de corvos (ou seja, as turmas) em estado infantil, que invadem as praias solitárias, onde aportamos antes deles, com fins ainda mais ignominiosos do que os dos corvos individuais: bater bola a tarde toda, gritando como energúmenos, arrebentando o ecossistema com sua ruidosa presença e suas patadas na areia e na grama? É preciso falar da agressão que supõe a visão de seus volumosos abdomens? Por que nos impingem suas pesadas tiradas mal entramos num lugar de diversão, sem que saibam se queremos estar sós ou com algum deles e se ele é quem escolheremos? Por que nos torram com uns papos furados, reiterativos e chatos onde o tema mais interessante (para eles) são eles?

Não se dão conta de que nos chateiam? Faltam-lhes neurônios? Por que nos obrigam a ficar agressivas para evitar que nos molestem? E depois ainda saem dizendo que somos histéricas por nos defendermos de suas agressões. Não podem esperar para ver a quem escolhemos? Não podem bancar a parada de não serem os escolhidos ou de que nesse dia não escolhamos ninguém? Acham por acaso que lhes devemos algo? De nenhum modo.

Responderemos tudo no próximo capítulo.

III

SÉRIE DE INDIGNAÇÕES

E agora chegamos à série de indignações que no fim surge em todas as mulheres depois de anos agüentando corvos: por que não podemos caminhar sozinhas, se somos sozinhas? Temos de esperar casar de novo para poder voltar a caminhar?

Sermos mulheres sozinhas é sinônimo de andar procurando homem? Por que sempre tem que aparecer um desses babacas para nos esculhambar a vida?

Vamos dar uma folga na indignação para refletir: se nunca, mas nunca aparecesse ninguém... bem, seria espantoso.

Será que devemos esperar ter 80 anos para fazer as coisas de que gostamos ou não sem o risco de nos tornarmos caçadoras de homens?

Temos nos privado – por sermos mulheres sós – de fazer coisas de que gostamos, como, por exemplo, pescar, caminhar sozinhas por um bosque ou por praias solitárias. Sempre aparecerá algum idiota que interpretará nossas atitudes como busca.

Rebelem-se, Mulheres! Isto não pode continuar assim nem um minuto mais. Acompanhem a SD em seu lema: "Nem todas as mulheres que andam sozinhas estão à cata de homens".

Mais da metade da humanidade é de mulheres e muitas estão sós. Devemos ficar em casa todo o dia por esse motivo?

Compreendam, Sujeitos Experimentais e Corvos (ou nos obrigarão a recorrer a métodos mais contundentes, incluindo os de *Thelma e Louise* e misturas variadas), que ser divorciada não é sinônimo de estar livre para qualquer um.

E isto é o que são os estimadíssimos corvos: qualquer um.

IV

Algumas conclusões provisórias

Minha querida divorciada: você deve aprender a viver sozinha, apesar dos corvos, sem deixar de fazer o que queira fazer.

Não vai ao cinema porque não gosta de ir sozinha? Pois ao cinema! (A outra opção é ir com a senhorita de 67 anos que mora ali na esquina. Então sim eu garanto que você vai ficar sozinha pelo resto da vida.)

Como ia com o marido, não gosta que vejam você sozinha em certo lugar? Mas puxa, se todo mundo sabe que você se divorciou! Não é mais lógico que vejam você sozinha? O estranho é que vissem você com o ex-marido, perdão, ex-homem.

Não sabem? Pois já é hora de que saibam, querida. Aqui, se pensam que você tem marido, se aproximam muito menos. Se os SE são bastante alérgicos no que se refere a ex-maridos, imagine quanto a maridos em circulação.

Você deve mudar sua mente, como dizia o corvo-violador de mentes, que nesse caso tinha razão.

Os SE lhe cruzam o caminho? Bem, já estudaremos isso em seguida: ou use-os como material de estudo vivencial ou, cumprida já esta etapa, feche o laboratório e volte a utilizar o velho método: imunidade absoluta. Ou o novo método: pontapés nos testículos. Se cansarão ou se irão (com dor, literalmente) como lhe dizemos no verso final.

Você deve aprender que trabalhar como divorciada é mais difícil do que trabalhar como casada, embora um pouco mais divertido.

Também deve recordar que a vida da divorciada é uma permanente investigação.

Conselhos em forma de resumo

1. Reconheça sua própria realidade: Mulher sozinha.

2. Aja levando isso em conta, mas não abuse dessa realidade.

3. Nada de fazer as pessoas levarem e trazerem você com o pretexto de que você é sozinha.

4. Tenha coragem para agüentar a solidão até que surja a pessoa com quem valha a pena deixar de estar só... ou até que sinta que, em vez de pensar que está só, está livre na realidade... o que seguramente fará com que deixe de estar só. Então lerá atentamente o método que recomendo: homens, mas com resguardo.

E não é porque não falamos do amor que achamos que você não deve fazer o que puder para encontrá-lo. Na certa você o encontrará (se ouvir o que digo).

Pense um minuto: sujeitos do tipo do seu ex-marido surgirão aos montes; não é por nada que você se casou com um deles. Mas se se divorciou, por algo será. Olho!

5. Cuide de sua imagem (nem pense em ir passear com o bebê de sua irmã).

6. Demonstre sua alegria (supomos que você estará contente; se não, para que se divorciou?).

7. Não ande numa turma de mulheres. O melhor método para ter um bom Homenigrama é andar sozinha da silva.

8. Seja seletiva. Mas tão, tão seletiva... não.

E agora para finalizar, um surpreendente achado: acreditamos ter descoberto que alguns homens não gostam de saber que a mulher é mais inteligente do que eles. Parece assombroso, mas assim é.

Você deve entender que para eles é doloroso reconhecer nossa total superioridade em matéria biológica, física, reprodutiva, sexual, estética e neuronal.

Você não lembra que vivemos mais tempo, parimos os filhos (com uma pequena, às vezes demasiado pequena ajuda), somos mais belas, temos bonitas e harmoniosas linhas, possuímos alguns órgãos e glândulas que eles não têm (as que eles têm e nós não são menos lindas que as nossas), somos muito mais inteligentes, nosso hemisfério direito funciona muito mais rapidamente que o deles (daí que sempre sabemos antes deles o que vai acontecer; isso da intuição feminina é uma historinha que inventaram para esconder o doloroso fato de que somos mais inteligentes e rápidas).

E quanto à sexualidade, cito o sábio livro *Tao do Amor e do Sexo* que diz (caso você não tenha se dado conta) que só há dois animais que ficam estupendos depois de fazer o amor: o galo e a mulher. E quantas vezes mais, melhor ficamos. E com menos esforço biológico.

Que vocês acham? Pobrezinhos.

É preciso entendê-los também!

V

Fim de Corvos nacionais e de outros homens

a) Fim de corvos nacionais

Acho que disse tudo até aqui ou quase tudo – reconheço que esta estatística é caseira – sobre corvos nacionais.

b) Restam outros

Esperamos, queridas divorciadas, deixá-las melhor aparelhadas para o futuro, se bem que é preciso tomar medidas preventivas:

– Corvos atípicos.
– Homens não-corvos (poucas medidas).
– Os ex-corvos não representam problema: a idade os tornou inoperantes.

c) O bom dos corvos

Têm um pró, um apenas. Divertem e estimulam a SD no momento em que ela mais precisa.

d) Homens rejeitáveis

– Os machistas.
– Os reprimidos.
– Os mal-educados, os grosseiros, os de turma.

– Os torcedores de futebol.

– Os que não sabem fazer amor nem querem aprender.

– Os corvos casados.

– Os que tentam invadir você.

– Os controladores.

– Os ciumentos.

– Os agressivos.

– Os que dirigem mal.

– Os que só gostam de bolero.

– Os machões. Lembrem que um machão com dinheiro é machão para dar prazer.

e) Homens abomináveis

– Os barbudos e os na moda dos anos 60 e 70.

– Todo aquele que acha que é bonitão.

– Os que se levantam domingo, vêem futebol estrangeiro pela televisão, vão ao futebol, voltam, escutam o rádio e depois vêem pela televisão a partida que já viram... e depois continuam vendo futebol estrangeiro. Puah! (Ver Dicionário no fim).

– Os que lêem vários jornais, vêem televisão, ouvem futebol e as corridas de cavalos e dormem a sesta... tudo no mesmo dia.

– Os que nos dão paternais conselhos e aborrecidos sermões sobre como deveríamos viver nossas vidas.

– Os que nos contam, em chatíssimos discursos, como eles vivem suas vidas.

– Os que nos aconselham para que não façamos negócios porque vamos nos dar mal.

– Os que nos dizem como deveríamos fazer nosso trabalho, que, naturalmente, não sabem fazer.

– Os muito chatos.

– Os que se aposentam nos balcões dos bares ou pubs e não dançam nem se aproximam de nenhuma mulher, mas olham todas, mantendo um copo na mão toda a noite. Desculpem, mas não se chateiam? Sua própria companhia não parece muito divertida...

– Os pavões reais que exibem suas plumagens intelectuais e discursivas (que saco!) ou os que vivem para desfilar seus carros esportivos último modelo, ou pior ainda, os que fazem ambas as coisas ao mesmo tempo.

– Os que bancam os garotinhos, se vestem como eles, falam como eles e freqüentam os lugares deles buscando misturar-se apenas com eles.

– Os que disfarçam a careca e pintam as costeletas.

– Os que se acham sedutores e interessantes e nos enchem com ambas as posturas, olhares e discursos (como falam os homens!).

– Os que metem os dedos no nariz no sinal vermelho, dentro do carro, pensando que não são vistos.

– Os que esfregam as calças em público (e em particular).

– Os grossos, como os que usam anel no dedo mingo, pintam as unhas com brilho, usam camisas abertas deixando entrever seus pêlos (mais geralmente seus pelegos), usam corrente de ouro e tomam *Chivas Regal*, que pedem aos berros, chamando os garçons pelos nomes com intimidade, e vão a casas de "massagens".

– Os que arrancam o carro a 100 km por hora.

– Os que andam em turma no carro da mamãe, botam o corpo pela janela e mexem com as mulheres (quanto mais sozinhas elas estão, mais "valentes" eles ficam).

– Os misóginos.

– Os que dizem grosserias em vez de galanteios.

– Os que cospem em público e, pior ainda, pela janela do carro.

– Os que têm um só método para se aproximar de todas as mulheres (nota-se, nota-se).

– Os que não usam o perfume adequado... nem sabem qual é.

– Os nervosos, que roem as unhas e mexem uma perna o tempo todo.

– Os que não sabem dançar... nem querem aprender. (Geralmente, o que dança bem...)

– Os que não têm senso de humor.

– Os tipo baixo-astral.

– Os que nos contam seus problemas (ah, que tentam fazê-lo!)

– Os que se vestem mal.

– Os mal-humorados, os neuróticos e os que não agüentam que seu time perdeu uma partida de futebol, ou o que quer que seja.

– Os que não sabem cozinhar como nossa mãe, nem limpar, nem passar, nem costurar, nem cuidar das crianças. Quem acham que vai fazer as coisas na casa?

Na realidade, depois de ler o anterior a gente poderia pensar (eles nunca) que alguns homens são bastante asquerosos. Por sorte, há muitos que não são assim. Vejamos.

f) Homens aconselháveis

Livres (por dentro, por fora não importa). Crunch, crunch (ver Dicionário). Viris (mas não macho bruto). Afetivos, ternos, sensíveis, desinibidos em tudo, corteses, generosos, divertidos, criativos, alegres, que gostem de dançar, inteligentes, cultos (não confundir com intelectualóides, nem com chatos racionalistas nem com acadêmicos pedantes fora de moda), com gostos e idéias similares, que gostem do seu trabalho (ou seja, que escolheram bem), que desfrutem de seu corpo e o cuidem, que saibam fazer amor, que queiram aprender mais sobre as mulheres para fazê-lo ainda melhor, que lhe dediquem – ao amor – não menos de três horas por vez, que sejam profundos, amáveis, que gostem de música, de crianças e de mulheres, claro. É sempre melhor a igualdade em matéria econômica, já que a desigualdade gera autoritarismo. Que, além do mais, façam suas compras sozinhos, saibam se vestir bem, vivam sós e independentes de qualquer mulher, que sejam modernos, que saibam cozinhar e limpar o que comem e sujam, que não se importem se ganhamos mais que eles ou sejamos mais famosas ou mais inteligentes. O que implica, claro, que não sejam machistas, já que nada é mais obsoleto do que isso.

Se existe algum, mande avisar.

E lembremos que ainda falta dizer que para o Homem Aconselhável nós devemos parecer a Mulher Aconselhável, já que costuma acontecer de alguns deles se juntarem com mulheres submissas, o que nos faz duvidar se ele é ou não o Homem Aconselhável.

Que luta!

Certamente me esqueci de alguma coisa... mas ninguém é perfeito.

VI

Cuervos estrangeiros

Os corvos mais perigosos são os que não falam em linguagem nacional.

Temos a tendência (romântica, por que não dizer?) de pensar que um estrangeiro é um homem diferente, um Príncipe Encantado, moderno, compreensivo (além de rico), que será a solução de nossas vidas.

Olhemos as coisas de frente: um estrangeiro pode ser tão sujeito experimental e tão machão como os nacionais, só que suas cantadas em outro idioma soam diferentes, nada mais.

Não pensem que porque conhecem – agora – a maior parte da prosa e verso nacionais, são especialistas em SE Internacionais. De jeito nenhum.

Mencionaremos alguns modestos exemplares do folclore estrangeiro:

Portenhos (Buenos Aires, Argentina, América do Sul):

Juram amor eterno a você, mas são tão nacionalistas que se casam entre eles... como espanhóis, judeus, armênios, ex-marxistas-leninistas e sírios como o Presidente Menem... e quando se divorciam, vejam as confusões que armam.

Norte-americanos

Indicados, mas só em Nova York, sempre e quando se encontram *in situ.* O que vocês conhecerem por aqui não será certamente Kevin Costner. Será o eterno velho de bermuda de excursão ou um bolsista chato do Middle West em ano sabático. E lhes garanto que, se os acadêmicos do mundo inteiro são chatos, os de lá também, embora muito menos do que os daqui, claro. Os nacionais são insuportáveis, com barba e tudo.

Mexicanos, venezuelanos, peruanos, bolivianos, paraguaios, cubanos (de Cuba e de Miami), caribenhos, colombianos e latino-americanos em geral:

Por favor! Vocês viram suas telenovelas? Vocês os viram nas cadeias de TV latinas?

Uma coisa é corvo em seco e outra é corvo machista obsoleto irredimível. Não percam tempo em levá-los em conta. Por aí, dentro de cinqüenta anos (ou quinhentos, vá se saber), depois que nossas irmãs de sua mesma nacionalidade tenham se dado ao trabalho de educá-los, pode ser que os possamos levar em conta. Capaz de nessa época terem raspado os bigodões.

Brasileiros:

Sabem dançar e são divertidos, o que os afasta, para seu bem, dos demais latino-americanos. São convenientes para se usar em momentos de diversão, viagens e bailes. Para os demais etc. levar em conta a Organização Mundial da Saúde, conselho, por outro lado, aplicável aos corvos de todas as nacionalidades.

*Italianos** *:*

São corvos simpáticos e diretos.

Exemplo: Gino S. I. (sujeito italiano) nota, num *pub* de Buenos Aires, Inés, que – mulher sozinha – tinha ido ali num sábado à noite.

Quando ia pôr o chale, surge Gino, catapultado dentre um montão de homens que havia por ali:

Gino: Bela, belíssima, cosa vai fare com questo echarpe, ehhh?

(Inés sorri surpresa e – "cosa vai fare com o echarpe" – bota-o.)

Gino: Vieni cua, bela, bebi con noi...

Inés: Mmmm... – aceita e se senta um instante com eles, "italiani due", Gino e Bruno.

Gino: Cosa fa, cara, sei sola?

Inés: Sí, sono divorziata.

Bruno: Anchío, due volte.

Inés: De dove sei tu?

Bruno: Ma come, sono napolitano, non si vede? (Si vede, si vede).

Gino: Non la ai, una amica, tu?

Inés: No, mi dispiace, ma sono sola in Buenos Aires.

---

* Quando dizemos italianos, nos referimos aos nascidos na Itália. Fazemos este esclarecimento para que não se confundam com os que possuem passaporte italiano mas nasceram por estas bandas. São muito fáceis de diferenciar: os nascidos na Itália são generosos com o dinheiro e gentis, cavalheirescos com as mulheres, que ainda reverenciam.

Gino: Per me no, ma, sai, no debo lasciarlo solo a Bruno, capisce?

Inés: Mas não tem problema, saem por aí e logo encontram duas mulheres.

Gino (ofesso): No, mía cara. Guarda que a me, le putane non mi vano... A me piace una dona come te, parlare, dançare... e... se cabe... fare l'amore; e si non cabe, non cabe.

Inés: Mi dispiace, ma non cabe.

Gino: Ciao, cara, baci (beija-a, entrega-lhe suas coisas e acompanha-a amavelmente até a porta do pub, empurrando-a suavemente para fora).

Franceses:

Os de origem e os abundantes franceses que, como vingança do colonialismo, pululam na França, como os franceses de origem africana ou de alguma outra parte do Terceiro Mundo. Digamos de passagem, o colonialismo paga bem suas dívidas, coisa que faria mais de um invasor se retorcer em seus túmulos. Mereceram.

Sentam-se à mesa do café onde está a SD e lhe dizem com ternos olhos, sorriso e voz:

– Mademoiselle, vous me ferez tant du plaisir, si vous vouliez faire l'amour avec moi.

Ao que a SD responde, por exemplo:

– Mercí, non, monsieur.

– Mais porquoi?

– Parce que j'ai un ami, et je vais le voir ce soir.

– Ça ne fait rien, mademoiselle, nous le ferons dans un petit minut?... (com indignação).

– Vous êtes fou, monsieur... un petite minut? (O que terá pensado?)

Estes corvos – franceses ou não – sempre os mesmos egoístas!

Ingleses, holandeses, noruegueses, dinamarqueses e nórdicos em geral:

Não se incluem nesta seção, porque não pudemos detectar um só corvo entre eles, o que confirma isso de que corvos e machistas dá na mesma, já que nesses países ser machista é um estigma vergonhoso e ninguém reconhece sê-lo (por fora, ao menos).

Corvos da Ásia Menor:

Ao verem a SD sozinha, perguntam:

– Uer ar iu fron? No rasban? No merri?

Não são muito refinados, portanto, se você vai numa piscina, eu diria que se cuide. Pode lhe cair um em cima, e não precisamente com boas intenções, mas simplesmente porque paqueram assim. Se você sente um alarido premonitório proveniente do banheiro – sem dúvida sinal de algum costume selvagem (o alarido ou o banheiro?) – caia fora porque, além do mais, são gordos. (Não procure um duplo sentido nisto, seria perda de tempo. É um bom conselho, simplesmente.)

Os gregos:

Os gregos seguem outra técnica, mais simples. Limitam-se a dizer:

– Relou, relou...

– Bai, bai...

Os gregos são corvos narcisos, o que não os impede de se apresentarem como os melhores. Mas em geral são corvos para mulheres que pagam. Com honrosas, honrosíssimas exceções... Ah!... as exceções!

Corvos estrangeiros de ofício ou corvos de ofício estrangeiros:

Chegamos à conclusão de que existem corvos por ofício ou cujo ofício lhes cria o hábito.

a) O guia turístico, com sua variante, o motorista. Tudo para que a excursão seja um sucesso!

b) Os camareiros e demais empregados de hotéis (sempre nos referindo à mulher que viaje sozinha): lhes pagarão um extra por inquilina?, ou se supõe que a firma ofereça o serviço, como a sauna e a piscina, que a inquilina paga? A mentalidade conservadora – esta vez – da SD não permitiu revelar a incógnita. O conservadorismo era duplo, como notarão: social e econômico.

Corvos fundamentalistas:

Ia dizer corvos não-civilizados, mas como a civilização já não existe... Deve-se cuidar de corvos provenientes de países de costumes mais bárbaros do que os demais, onde se instigaram guerras absurdas por razões religiosas, onde se condena gente à morte por decreto por ter escrito um livro, onde as mulheres não só não têm direito como ainda andam veladas, etc. Embora pareçam similares aos dos países menos bárbaros – mal chamados civilizados –, uma vez de volta a seus lugares de origem, retomam a barbárie de sempre, igualzinho aos corvos destas bandas que, para sobreviverem em países onde o machismo não é tolerado, se faziam de não-machistas, mas retornando a ele na volta.

Moral para corvos estrangeiros:

Muita cautela, sem exagerar. Não vá ser sincero, se assuste e desapareça (isto seria um erro fatal, com a escassez reinante).

VII

ÚLTIMAS REFLEXÕES SOBRE CORVOS DO MUNDO

Tudo reafirma estas máximas:

1. Os corvos não são homens.
2. Os homens não são corvos.

E isto nos conduz às seguintes e aterradoras perguntas:

Havia corvos na antigüidade? Se diria que não, porque sendo assim quem fez os frisos do Partenon? Quem fez as fortalezas, os aquedutos, as estátuas, os frisos assírios, os Budas, etc.? (Sem falar das guerras. Somos pacifistas.)

Terão sido os corvos? Não, não são capazes. Portanto:

1. Antes havia mais homens que corvos?
2. Os homens são uma subespécie em via de extinção?
3. Em poucos anos só conheceremos corvos?
4. Nossas adoradas filhas se casarão com corvos?
5. Nossos amados filhos estão destinados a se tornarem corvos?
6. Nossos netinhos serão corvos de nascimento?

Homens que me lêem – corvos também: Pensem bem! Façam alguma coisa (com nossa ajuda, como sempre) para evitar esse destino maléfico que se abate sobre toda a Humanidade.

Será possível que permitam que uma espécie capaz de produzir coisas como as mencionadas– incluindo o futebol – se extinga?

Também a filosofia sobre o corvo nos fez pensar o seguinte: será o homem metade homem, metade corvo?

Se for assim, não se poderia crer em nada! Os corvos que nos assediam poderiam ser vistos por outras mulheres como excelentes maridos, pais, amigos, etc.

Examinemos um pouco a história:

Einstein corvo? Não se sabe.
Dante corvo? Não.
Schweitzer corvo? Não.
Shakespeare corvo? Sim.
Goethe corvo? Se tivessem deixado, sim.
Molière corvo? Sim.

Embora seja um pouco doloroso, nos aproximamos da cruel incógnita do homem: cada homem é um pouco homem e um pouco corvo.

Queridas congêneres: chegamos à conclusão final. O problema é como aproveitar a situação em proveito próprio. Uma sugestão: façamos que vejam de saída que os consideramos Homens, assim não se animam, com a gente, a mostrar a parte corvo (deixam-na para outras menos astutas e estudiosas que nós).

Conclusão final e programa para todo tipo de corvos: vamos tratá-los como se fossem homens inteiros, vamos lhes dar confiança e atuarão como nós esperamos (é o que acho).

SEGUNDA PARTE

AS DIVORCIADAS E SUAS POSSIBILIDADES

"A divorciada é uma mulher...
que se divorciou."

Fany Puyesky

VIII

Cinco regras para as divorciadas

Primeira Regra: todo homem, em princípio, é aproveitável

Sim, minhas alunas, recuperamos a liberdade, temos o mundo aberto e muito mais próximo ainda. Há um importante número de SE que vêm do passado e com os quais podemos fazer experiências no laboratório.

Os anos gastos no casamento, por mais chatos que tenham sido, colaboraram para acumular um possível número de material de exploração que podemos chamar de material retroativo (ver Dicionário).

Lembram, por exemplo, aquele vizinho tão amável, tão desejoso de lhes fazer um favor? Na verdade queria outra coisa. Aquele eletricista ocasional que nos tirou de um aperto, os ex-maridos das ex-amigas, os ex-amigos do marido, os amigos do ex-marido, os amigos dos amigos dos amigos, os ex-amigos dos amigos e das amigas, etc.

Enfim, todo material que alguma vez tenha passado pertinho da SD e ele ou ela tenham notado. Vocês têm idéia de quanto serve esta teoria chamada de Material Retroativo? Multipliquem-no pelos anos de casamento e terão resultados surpreendentes.

Esta teoria pode ter inconvenientes se o Material Retroativo trabalha em atividades similares à da gente, já que costumam veranear ou fazer cursos em lugares e épocas parecidas. Realmente, senhores, não é sério nem romântico começar algo à luz da lua e terminar, em poucos dias, trabalhando ou fazendo qualquer outra tarefa juntos.

Segunda Regra: todo homem que cruzar seu caminho é um SE potencial.

Afinal, o que quer a divorciada quando recém se libertou? Não sabe muito bem, nem pensa muito no seu futuro afetivo (tem outras coisas em que pensar).

Passado um tempo, ao começar a rondar os corvos e os SE, a divorciada se entretém com eles e vai aprendendo seus truques. É o momento em que monta seu laboratório, etc. O que aprender lhe servirá para o resto da vida.

Por último: os corvos molestam-na e poderiam desaparecer. Mas não, não desaparecem. Não têm o mesmo senso de tempo que ela. Claro, eles são corvos a vida toda: culminam sua vida sendo ex-corvos.

Regra Geral a respeito dos corvos: o que sobra... apodrece.

Os Sujeitos Experimentais? Pode ser que algum deles (os corvos nunca) tenha ascendido de categoria e chegado a Homem, ou que ela tenha conhecido um Homem Propriamente Dito (espécie em vias de extinção?) Os SE são um degrau na vida da SD. Quando não tem um Homem, desce e usa um SE. Quando aparece um Homem de verdade, suspende suas experiências.

Um conselho: levar em conta que os homens costumam ser tímidos e jamais se aproximam (salvo os de carro) sem estar previamente seguros de que serão bem acolhidos. Podem obter esta segurança de um olhar aprovatório da SD e de algo intangível que ela logo adquirirá e que os homens reconhecem em seguida: podemos chamá-lo de DISPOSIÇÃO. Não é preciso se preocupar com isso, vem por si.

Terceira Regra: a divorciada não quer se casar de novo nem formar um par.

Porque, passados os primeiros momentos duros, ela verá:

- que já se casou
- que já viveu o casamento
- que já teve filhos
- e que já se divorciou

Portanto, o novo sujeito deveria:
- ser perfeito
- estar apaixonadíssimo pela SD
- ela por ele
- e não oferecer problemas (para que mais?)

Sinceramente, estimadas divorciadas: por acaso é possível achar semelhante exemplar? Então, a regra.

Quarta Regra: A SD deve entender que voltou a ser mulher e mulher livre, para si e para todos.

Portanto deve sair. Deve sair só e deve sair acompanhada. Se sai só e volta acompanhada, bem, então não precisa mais deste Manual. Deve sacudir anos de pressão, agora pode tudo, o guarda-roupa é só para ela e todo mundo deve vê-la linda, contente e feliz... senão para que se divorciou?

Quinta Regra ou REGRA DE OURO: não perder tempo com homens dos quais não gostem. É mentira que haja falta de homens. Há homens às pencas. Se servem ou não, isso já é outra coisa, mas que há, há.

Quando a divorciada tiver aprendido estas singelas regras, estará em condições de passar à terceira parte, onde nós lhe ensinaremos (a esta altura, ela proporcionará o material vivencial próprio) a confeccionar o homenigrama, o qual, bem transado, será de grande ajuda para evitar tropeços em seus primeiros casos. Depois poderá conservá-lo como material de consulta ou lembrança.

IX

O 29 DE FEVEREIRO

Também é preciso cuidado quanto a saírem. Se não, vejam o que aconteceu com Inés.

Ainda não sabem quem é Inés. É a Sujeita Divorciada Média Representativa semiprotagonista deste Manual. Já conhecerão bem seus dados quando lerem sua ficha, mas por hora o que importa é que saibam que se trata de uma divorciada que desfruta de seu novo estado.

Era o dia 29 de fevereiro. Seus filhos não estariam com ela todo o dia. Estava só em casa. Recostada em sua cama, pensava:

"O que é um 29 de fevereiro? Um dia que se apresenta de tanto em tanto. Por acaso é igual ao resto dos dias?"

Decidiu então que um dia que estava ameaçando há quatro anos e se apresentava agora devia ser tratado de um modo especial.

Também imaginou que o pobre 29, acostumado a ser livre e fragmentado, se sentiria horrorizado por ter se deixado pegar finalmente pelo odioso almanaque, que não é outra coisa, em última instância, que a representação gráfica do inimigo nº 1 de todo ser vivente: O Tempo.

E decidiu ajudar o 29 convertendo esse dia num dia especial, fazendo coisas que comumente não fazia, porque não tinha tempo ou porque não lhe ocorriam.

Levantou, se vestiu, se maquilou e foi para o centro da cidade. Passeou, olhou vitrines, mas não estava satisfeita.

"Essas são coisas que podem ser feitas todos os dias", pensou. "Tem de haver algo que eu não faria comumente".

Caminhou e caminhou até que... por fim: viu uma porta e um letreiro que rezava:

HOJE, ÀS 18:30.

CONFERÊNCIA
do Prof. HIPÓLITO
sobre

A CRISE DE VALORES
NA CIVILIZAÇÃO ATUAL

Sem pensar duas vezes, entrou. O público era quase que exclusivamente constituído de pessoas mais velhas, embora também houvesse algumas mulheres como ela e uns quantos rapazes ou homens jovens descuidadamente espalhados.

"Esses são como eu", pensou Inés, "ou não têm onde ir, ou rendem tributo ao 29."

Nesse momento entrou o conferencista, Professor Hipólito: 68 anos, poucos cabelos, descuidadamente vestido e coberto (em fevereiro) por um velho poncho esfarrapado e decorado com caspas; voz queixosa e resfriado crônico. Subiu ao estrado, se assoou, se sentou e começou a "Conferência Sobre a Crise de Valores na Civilização Atual":

"O que acontece é que há crise de valores. Crise de valores, disse! Por isso os divorciados, com sua seqüela maldita de solidão, droga, bebedeira e morte. Os bêbados que vêem pelas ruas são todos divorciados! O divórcio é uma conseqüência da depravação dos costumes de nossa juventude. Onde já se viu que as cortinas que a vovó levou cinco anos de crochê para fazer sirvam de enfeite para minha sobrinha? O que é isso, hein? Desfaçatez, nada mais. O trabalho dos melhores anos da vida da vovó passeando nos ombros de Susy à vista de qualquer um. Minha avó tinha três sobrenomes, a Susy usa o nome e mais nada. Está tudo corrompido, até o divórcio. No fim das contas, era preferível o divórcio, porque isso queria dizer que se casavam. Agora... vivem juntos, como dizem, e depois de um tempinho cada um para o seu lado. Sim. Sim. Isso, no meu tempo, tinha outro nome, sim senhor." Glup!

"Pelo menos devemos reconhecer que ainda restam zelosos defensores da instituição matrimonial. Me refiro a essas santas mulheres, as vizinhas, que nos bairros velam noite e dia para que não se cometa nenhum sacrilégio desse tipo. Enquanto estas santas mulheres permanecerem em seus postos, à noite (por trás das cortinas) e de dia (de pé, como granadeiros), serão poucas as dissolutas que se animarão a romper o sacro vínculo. Serão poucas as que se animarão, pensando no que essas vozes (da consciência, digo) poderão dizer. Porque as dissolutas são elas, as mulheres quase sempre, como minha prima Susy. Moço tão bom ele, bancário, todo o dia no banco olhando mulheres, perdão, balancetes, e ela dá o fora com a cortina da vovó para Nova York... para pintar. Pintar! Se nunca pintou nem o banco da cozinha... mas (rugindo) ainda existe um advogado que faz o divórcio dessa pervertida. Sempre disse que os advogados... Bem, o que acontece com a Susy é que vivia em outro bairro e nunca via as vizinhas. Se vivesse no meu bairro, não se assanhava, juro.

"E as crianças... ah, basta que uma dessas dissolutas se divorcie para esquecer que é mãe. Sempre saracoteando por aí, botando fora o dinheiro da pensão dos filhos, enquanto as pobres crianças comem pão e raízes. Por isso sempre digo aos homens: a essas dissolutas, nada!

"Como? Disse que os filhos não têm o que comer? Bobagem, claro! Ela quis ou não quis se divorciar? Então que vá pegar no pesado todo o dia, pra ver se gosta. Não é como antes, que ficava em casa se ocupando somente da comida, da roupa, da limpeza, dos três filhos, das túnicas e outras besteiras deste tipo. Agora... vão trabalhar se querem comer, elas e os pirralhos! O homem... para que é um homem! Tem que ter uma graninha a mais, para mulheres, coquetéis, cigarros importados, boas roupas... sim, por que não?"

Nesse momento um jovem do público interrompe:

"Mas, senhor, o que está dizendo já era, embora em algumas coisas eu esteja de acordo com o senhor. Me permite?"

Professor Hipólito: "Sim, se está de acordo em algumas coisas..."

Jovem: "Desculpe, mas você está falando de tempos passados. As mulheres de hoje em dia têm algumas vantagens... para nós. Trabalham muito mais do que as de antes, isso não se pode negar. É um salário a mais para ajudar ao homem, claro, mas não ficam mais em casa como as que você mencionou. Estas de agora saem para trabalhar, além de fazer todo o trabalho de casa. O que não deixa de ser uma vantagem, já que quando nos divorciamos elas têm grana para dar de comer aos filhos. Por isso estou de acordo com você em que o homem precisa de uma graninha, claro. Tem que reconstruir sua vida, sair com outros casais, casar de novo, ter outros filhos. Por isso a libertação feminina tem suas vantagens para nós: pagamos menos pensão, já que elas têm suas rendas. E ainda podemos pedir a divisão da guarda dos filhos. Assim não pagamos nada. Levamos os nenês na casa da mamãe, nos dias que nos tocam, e aí os filhos não nos custam nada. Claro, é preciso vigiar como ela cuida e educa os filhos, isso sim. Porque sempre aparece algum outro que a gente não sabe... e, claro, não vamos estar dando dinheiro para que outro o utilize, não? Por isso estou de acordo com você: quanto menos se dê para elas, melhor.

"Agora, isso sim, quando a gente tem sorte... as mulheres de agora são bárbaras: estão mais bonitas, mais bem informadas do que as de antes, se vestem melhor, estão atualizadas, são companheiras, porque a gente chega e quer sair para dar uma volta e elas vêm. Além do mais, têm que estar magras, ser boas amantes, ser a inveja dos demais... sem falar que devem ser tão boas mães, esposas e donas-de-casa como as de antes. E compreensivas, me entende? Claro, elas são fiéis, isso continua como antes. Que a gente é homem, é homem, mas a mulher é outra coisa, não?

"E claro, não se esqueça de que o divórcio nos serve: ficamos com metade dos bens (isso se a gente não tomou outras precauções, porque aí ficamos com tudo), os juízes nos obrigam a pagar muito menos que antes, que era tudo, vemos os pirralhos de vez em quando e podemos andar solteiros de novo, dando uma de *playboy*, me entende?

"Assim, professor, não seja tão drástico com o divórcio... convém aos homens. Sempre podemos fisgar outra, que além disso também trabalhe. É preciso reconhecer, coitadas, que para elas não é a mesma coisa. Têm o dia todo as crianças, a casa cheia – que para nós seja uma boa que não tenham liberdade é uma coisa, mas reconheço, porque não sou machista, que se a gente estivesse no lugar delas... Não, professor, já não se usa ser machista, isto está fora de moda. Como posso lhe dizer? Não gostam, franzem o nariz, não acreditam em você, perdem a confiança... E não lhe ocorra gritar com elas e muito menos dar umas porradas... Há outras formas de conseguir as mesmas coisas que a gente quer. O senhor não gosta que usem minissaia? Não proíba, diga apenas que já não estão em idade para isso, ou que têm um pouco de celulite e pronto.

"É preciso ser mais sutil, professor."

Mulher do público: "Você é um machista repugnante, pior que o professor, que pelo menos é um velho."

Jovem: "Não lhe disse? Nada lhes cai bem. Saiba, senhora, que eu sou feminista. Adoro as mulheres."

A todas essas, Inés se levantou e se foi, pensando que o 29 devia se sentir meio incomodado ante sua falta: botar fora dessa maneira o Tempo. Caminhou várias quadras, pensando no que faria. Curiosamente não se aproximou dela nenhum SE... (estavam todos na praia). Até que um cartaz numa praça lhe chamou a atenção:

MOVIMENTO

LUZ E VIDA

Uma mulher que levava um banquinho subiu nele para fazer uma exposição. Pintado num cartazinho pregado numa árvore, dizia: "Exposição sobre a influência dos contos infantis na formação do caráter das mulheres ou o conto como elemento de repressão feminina".

Outras mulheres de todo tipo pregavam ilustrações nas árvores. O assunto lhe pareceu digno do 29 e parou para escutar. Eis aqui o que ouviu:

"Comecemos com Chapeuzinho Vermelho: trata-se da mãe, filha e vovozinha mais estúpidas da literatura infantil.

"Analisemos os personagens: que tipo de mãe, salvo uma débil mental, manda sua filha a uma floresta, sabendo que há um lobo que a pode comer? E além do mais vestida com uma cor sob medida pra que a reconheçam todos os lobos a cem léguas ao redor: vermelho!

"Chapeuzinho: lindinha, mas boba, a coitada. O que devia ter dito a essa mãe oligofrênica era: 'Ah, não, mãezinha. Me perdoa mas eu, pra ser comida pelos lobos, não vou, não'. É um caso legítimo de resistência à autoridade.

"A vovozinha: como pode ocorrer a uma velha semiparalítica viver sozinha no meio da floresta?

"E o papai? Nunca, mas nunca mesmo pôde se saber algo sobre ele. Na certa abandonou essa mulher, mas... pelo menos poderia ter se preocupado com Chapeuzinho, lhe pagar uma pensão alimentícia, não?

"O Lobo: é o único normal na história. Era um lobo desocupado, faminto. Como não ia comer tenras meninas e frágeis velhinhas que praticamente se metiam em sua boca? Comia o que podia, o coitado. Se Chapeuzinho o tivesse convidado para comer os belos quitutes que levava na cestinha, matando-lhe a fome, não teria acontecido o que aconteceu, não." Se a vovozinha tivesse lhe dado trabalho de jardineiro – diga-se de passagem, tinha o jardim bastante desarrumado – convertendo-o de desocupado faminto em respeitável trabalhador, não teria cometido atos contra a moral social, hein?

"Mas quem escreveu este conto? (Perrault só o recolheu.) Um homem, com a finalidade de impedir que as meninas, depois mocinhas, depois mulheres, saíssem de suas casas, sem se atreverem a andar por aí por medo dos lobos."

Vejamos o que ocorre com a Gata Borralheira

"A pobre tinha a desculpa de que ficou órfã muito pequena e sem nenhuma orientação, porque a Fada Madrinha, frívola, só lhe aparecia para tratar de festinhas e bailes, não para lhe aconselhar a ver um advogado. Em que cabeça cabe que uma herdeira (pois era herdeira de todos os bens de seu pai e de sua mãe) tivesse que viver na cozinha, deixando-se infernizar por essas bruxas? Sim, porque todo esse palacete que limpava era dela, todo dela.

"O que tinha de ter feito era vender tudo e ir procurar trabalho num lugar decente (aí era onde a Fada Madrinha frívola poderia ter lhe ajudado: com a mudança). (Nota: os móveis também eram dela.)

"O quê? Os passarinhos lhe ajudavam a descascar favas? Dê a outro cachorro esse osso! São invenções de Walt Disney, outro homem aliado dessas besteiras. (Bem, ao menos ele ganhava dinheiro com elas.) Veio o Príncipe Encantado? Sim, veio, e era um só para todas as garotas do reino e se apaixonou por ela, justo por ela. E se não vem? E se apaixona-se por outra? O que teria acontecido? A Gata Borralheira teria envelhecido na cozinha, sonhando com o famoso Príncipe.

"Mas vocês não se dão conta de que era idiota? Teria de ter ido a um lugar decente, onde tivesse baile todos os sábados e jovens suficientes para todas as garotas (encantados ou não)."

Analisemos agora a fábula da Bela Adormecida

"Outro caso de menina, mãe, pai e todo um castelo de idiotas. PUAH (ver Dicionário). Justamente no dia em que devia ter mais cuidado, se descuida, pica o dedinho... e dá-lhe dormir cem anos! As forças do mal triunfaram por um século. É absolutamente indignante! E, é claro, se não passa por aí outro príncipe, além do mais encantado (doutro tipo não servia), teria passado o resto da vida... o beijo de um plebeu não era suficiente para ela".

Branca de Neve

"Outra herdeira de um Reino! Mas... não existiam advogados naquela época? Simplesmente não posso acreditar. O que não existiam eram advogadas. Os advogados – enfim homens – se serviam desses contos para educar suas filhas com essas papagaiadas. Para que não fossem fazer concorrência aos irmãos homens.

"E como ia ter advogadas ou outro tipo de mulheres que se animassem a estudar, se tinham que atravessar florestas cheias de todo tipo de perigos: lobos (Chapeuzinho), velhas bruxas canibais (João e Maria), ogros (Pequeno Polegar)?

"Conseqüentemente o único que as poderia salvar devia ser Príncipe, bonito, jovem, etc."

Pequeno Polegar

"Que história, que exemplo! Pais irresponsáveis que cortavam árvores na Floresta Negra e poluíam o Reno abandonando seus filhos porque, diziam, não podiam lhes dar comida; ogros enormes que se alimentam dos filhos dos pobres. Mas é um conto ou uma conferência sobre países subdesenvolvidos?"

João e Maria

"Além de tudo, canibalismo. E as pobres crianças, ternas crianças, depois de terem passado pela horrível experiência que lhes tocou viver por culpa desses pais infanticidas... voltam outra vez para eles... em vez de irem a uma advogada para que as livrasse do pátrio poder, que é o que mereciam por muito menos que isso.

"Não, voltam... e ainda com grana. Não dá pra acreditar. Bem, com esses pais não se pode esperar muito das pobres crianças. É um caso claro de maus tratos que dão às crianças... e aos povos."

Barba Azul

"Aqui o assassino tira a máscara. Como vocês sabem, esta história foi baseada em fatos reais.

"Moral para as mães que estão me ouvindo: sabotagem total a estes contos deformadores e machistas!

"Que histórias recomendamos para as crianças? Nenhuma. Para que precisam de histórias? Já é demais para elas as mentiras que ouvem e lêem todos os dias, mais as que nós lhes contamos.

"Bem, poderiam ler *Alice no País das Maravilhas*, mas dizem que não é para crianças. Claro, porque é uma menina de mente ágil, educada (à inglesa, mas educada) e com peito suficiente para ser respondona com os impertinentes seres que encontrava nessa país, terminando com a Rainha. Sim, não acreditam, era um sonho e a Rainha era de papelão. Mas isso Alice não sabia. Como é que é, senhor? É só uma história? E as anteriores eram o que, hein? Reconheça então que eram realidades, ou invenções destinadas para que as meninas calassem a boca e não dissessem o que tinham que dizer e não fizessem o que tinham vontade de fazer... Tinha que ser um homem! Sim, você!

"Concluindo: decididamente alguns livros mordem. Não os deixem para as filhas de vocês. E se as inefáveis professoras já lhes contaram, vocês sempre podem utilizar o contraconto, insistindo reiteradamente na parte das advogadas... que para algo existem."

Neste momento começa a chover torrencialmente e as mulheres debandam, correndo. Antes, uma delas lhe entrega um volante, que depois, em casa, Inés leu:

OFERTA DE TRABALHO

Oferecemos cargos para toda a vida.

Sexo: feminino.

Profissão: trabalhos de seu sexo (dona de casa).

Idade: de 12 anos em diante.

Salário: nenhum.

Horário: contínuo.

Licença anual: nenhuma.

Férias pagas: não.

Acidente de trabalho: não se paga indenizações, internações nem substitutos.

Licença por doença: não.

Indenização em caso de ser despedida: não se paga.

Aposentadoria: não.

Décimo terceiro: sem salário, perde o direito ao décimo terceiro.

Taxa de insalubridade: não.

Elementos para segurança no trabalho: não se dão.

Especializações requeridas: cozinha, lavar-passar, limpeza, educadora, enfermeira, companheira sexual, atender cobradores, telefonista, modista, cuidado com a roupa, comprar artigos de primeira necessidade (roupa, medicamentos, sempre adquiridos nos lugares mais baratos), consolo e atenção especializada a cada membro da família, cuidadora de todos os velhos da família natural e política, acompanhante de crianças a escolas, cursos, clubes, dentistas, psicólogos, etc., datilógrafa, arquivista, etc., etc.

Responsabilidades: reprodução biológica da espécie, manter em ordem o andamento do lar, moral dos filhos, felicidade da família, saúde da mesma, correto desenvolvimento escolar e social dos filhos, realização pessoal... do marido, escutar o marido, compreendê-lo, apoiá-lo, ajudá-lo em seu trabalho e ambições, não lhe complicar a vida com os pequenos problemas cotidianos, etc., etc.

Responsabilidades para consigo mesma: não se exige nada em absoluto. Para o bom desempenho do cargo é melhor que não existam.

Condições exigidas para o correto desempenho do cargo: espírito de sacrifício, esforço, habilidade, destreza, passividade, submissão, aceitação, tolerância para com as fraquezas dos demais, nenhuma fraqueza própria, fidelidade absoluta e garantida, valores morais de acordo com o alto cargo de mãe e esposa.

Condições acessórias: informação aceitável, boa aparência, bom trato, companheirismo para com os amigos (do marido).

Reconhecimentos e estímulos: o reconhecimento que se oferece não pode ser material, já que seria rebaixar a mulher lhe oferecer dinheiro por cumprir a mais alta missão que a Sociedade e a Família lhe encomendam: mãe, esposa e dona de casa. Portanto, o reconhecimento que se oferece é o de tão alto e honroso título, assim como o melhor que uma verdadeira mulher poderia aspirar: Rainha (do lar).

Quanto aos estímulos, logo que tenha finalizado sua alta missão social e recolhido os proveitos mencionados, ainda a espera outra nobre, mais nobre, missão: avó.

Escreva para a Sociedade da Ordem Estabelecida S. R. L. Posta Restante..."

Inés refletiu: menos mal que o 29 se apresente apenas de quatro em quatro anos!

X

QUE TIPO DE DIVORCIADA VOCÊ É, ALUNA?

Antes de prosseguir no estudo dos SE, vamos nos pôr de acordo em algumas coisas. É necessário que cada uma de nós se coloque que tipo de divorciada é.

Temos vários tipos de divorciadas:

Tipo a) É a que se divorciou para ser livre e assume sua liberdade sem drama e com alegria, vendo tudo como uma nova possibilidade de viver coisas diferentes das que vivia. Vamos nos pôr de acordo também, queridas alunas, em que todas, todas as divorciadas se divorciam porque seu casamento não era um sucesso.

O caso é como se encara o estado de divorciada. Se, como dissemos no princípio, é encarado como um estado civil a mais, entre outros, ou é assumido como uma carga de frustração, desencanto, etc., etc., imposta pela sociedade. Porque a divorciada quando recém se liberta... por alguma coisa o faz... na realidade está alegre e aliviada. E depois também.

Tipo b) Há, no entanto, alunas divorciadas tipo b) que se deixam influenciar pela sociedade – que adora ver as mulheres sofrerem e as divorciadas muito mais, e que não tolera as mulheres livres e felizes – e se sentem frustradas, tristes, etc. Paradoxalmente, ainda assim, o que querem? Querem fazer o mesmo de antes, quer dizer, casar-se de novo... "refazer sua vida" (para desfazê-la outra vez, raciocinem).

Tipo c) E há as de quem se divorciaram, quer dizer, aquelas que não queriam o divórcio mas que lhes foi imposto pelo outro.

Queridas divorciadas tipo b) e c) – a tipo a) não precisa de nossos conselhos já que se educou sozinha: vocês procuram loucamente um homem livre (civilmente falando) e não querem sair com casados. Por quê? Um homem livre será certamente um novo marido, cedo ou tarde. E para que querem um novo marido?

Pensam as do tipo b): por que se divorciaram? O que era que compartilhavam com seus maridos? Tempo: sim, é certo, mas que tipo de tempo? Por acaso vocês passavam bem as noites de sábado? Têm saudade do tempo das brigas, dos bate-bocas por causa dos filhos, das fossas, dos problemas e dos almoços com as famílias? Têm saudade do tempo dos desgostos? Com um amante, em troca, vocês só compartilharão um tempo, é verdade: mas esse será o tempo do prazer. O resto do tempo vocês terão para vocês sozinhas. Aprendam a desfrutá-lo.

Têm saudade do dinheiro que entrava com seus maridos? Pois me permitam lhes dizer que os maridos sempre cobram muito, mas muito caro o (pouco, geralmente) dinheiro que dão: em bens, em serviços, em desgostos e em tempo. Um amante, em troca, se dá dinheiro, ótimo, porque será a troco de nada, e se não dá, não importa, porque não é só isso que se busca num amante. E como vocês têm mais tempo que antes, já conseguirão, sozinhas, o dinheiro que necessitam.

Liberdade? Os maridos a tiram, os amantes não podem, geralmente porque como não podem oferecer mais, também não podem tirar. E se quisessem, não permitiríamos.

Agora, vejam bem: a vida que vocês tinham com seus maridos era tão grande coisa para se querer repetir? Não, não é mesmo?

E de que se privam ao não terem maridos? Se privam justamente das brigas, dos roncos, da família dele, de que lhes perguntem onde estão seus óculos (a primeira coisa que os homens perdem são os óculos, assim têm desculpas para não procurarem nem isso), de acompanhá-los a lugares onde vocês se chateiam, de não saírem com suas próprias amigas e amigos. Se privam de não serem livres.

Então, para que querem novos maridos? Para que venha lhes acontecer a mesma coisa? Não se dão conta de que, ao tornarem a dar valor à mesma classe de expectativas que as conduziram ao que vocês pensam ser uma frustração, estão se preparando para outra? Não vêem que as expectativas tradicionais não lhes serviram? Não lhes parece que é hora de mudar de expectativas e... de homens, conseqüentemente?

Se vocês não acreditam que seja assim, não queremos manipulá-las, nem convencê-las de que devem se converter em divorciadas tipo a) ...só queremos lhes dizer que estas passam muito melhor do que vocês.

E as de tipo c) pensem: por que se sentem sós, tristes e abandonadas? Por que eles as deixaram? Deveriam se sentir contentíssimas por não terem que viver com alguém que não as quer mais e que teve a coragem de admiti-lo. Melhor aproveitarem e conseguirem alguém que as queira, não concordam? O quê? É tarde? Ora, minhas queridas divorciadas, o que eles não sabem é que em qualquer idade, sempre mas sempre mesmo, uma mulher que quer encontra.

Tudo isso nos leva pela mão à valorização dos homens casados como Sujeitos Experimentais. (Ver capítulo XIV)

TERCEIRA PARTE

OS SUJEITOS EXPERIMENTAIS

XI

Confecção do Homenigrama

E agora perguntamos: por que não se pode ser feliz com um pouco de ordem, bom gosto e objetividade? Quando a SD estiver em condições de fazê-lo, deve confeccionar seu Homenigrama cuidadosamente e realizar seus trabalhos de investigação de campo, segundo as conclusões que tire daquele.

Esta invenção nossa servirá de corretivo para as SD desorganizadas e confusas. Aprenderão a utilizar de forma metódica e com o máximo proveito o material disperso, para assim dele tirar o maior rendimento possível.

No Homenigrama serão incluídos Homens e SE (não perder tempo com corvos). Se alguma SD chegar a apresentar um Homenigrama só de homens, ganhará um prêmio que deve retirar na editora.

Antes de lhes ensinar como se faz, descreveremos o que poderia ser a ficha de uma Sujeito Divorciada a quem chamaremos, como sempre, Inés. Designaremos os Sujeitos Experimentais por seu número, ou seja, Sujeito Experimental n° 1, n° 2, etc.

Número	Idade	Estado Civil	Aspecto físico	Sensibilidade	Interesse sexual dela por ele	Vice-versa	Cultura	Posição econômica	Gostos e interesses comuns	Outros
1	36	Cas.	*	→	↘	↗	*	*	–	
2	31	Solt.	***	↗	↗	↗	****	**	****	COO
3	42	Cas.	**				*	***	–	
4	27	Solt.	***	____	____	↗	**	**	–	
5	29	Div.	***	→	↗	↗	*	**	–	
6	30	Solt.	*	↗	↘	↗	–	–		
7	35	Cas.	***	↗	↗	↗	***	***	***	COO
8	41	Div.	a partir daqui poremos apenas número, idade e estado civil							
9	36	Cas.								
10	26	Solt.								
11	27	Solt.								

12	22	Solt.								
13	38	Cas.								
14	40	Solt.								
15	34	Div.								
16	50	Div.								
17	43	Cas.								
18	22	Solt.								
19	37	Cas.								
20	47	Cas.								
21	54	Div.								
22	28	Solt.								

Referências:
- \- Se desconhece
- ↗ muito alto
- ↘ muito baixo
- → poderia ser

Cultura:
- * terá feito o primário?
- ** normal
- *** intelectualóide
- **** culto
- ***** tão culto que dá nojo

Aspecto Físico:
- * crunch
- ** crunch, crunch
- *** bocatto di cardinale

I. Ficha de Inés

SUJEITO DIVORCIADA: INÉS

Idade média: 30 e poucos, ou 40 e poucos, ou 50 e poucos, ou 60 e poucos, etc.

Estado Civil: Surge do exposto.

Estado Afetivo: Livre.

Estado Físico: Normal (90-60-90).

Estado econômico: Classe média ou divorciada (a classe média é a classe divorcista, o resto segue casado até que a morte os divorcie, porque a morte é grátis, não como os advogados).

Filhos: Sim, claro.

Anos de casada: Muitos.

Causas do divórcio: Desintegração por causas normais (tédio).

Resultados: Ler todo o Manual.

Cultura: **

Capacidade de trabalho: Sim.

Capacidade de estar só: Sim (se a resposta é não, não vale a pena se divorciar. O que virá será pior).

Namorados anteriores? Uns quantos.

Amantes anteriores: Para as que precisam do manual, quase nenhum. Ou passaram tantos anos que são quase virgens de novo, só que mais velhas.

Cútis: Esverdeada.

Cor dos Olhos: Castanho.

Cor do cabelo: Variável.

Altura: 1,63.

Peso: Muito bom.

Sinais particulares: Muitos.

Ilusões: Algumas.

Capacidade de Alegria: Sim (se não, continue casada).

Gostos: Dançar, sair, divertir-se, estar viva (por algo se divorciou).

Antes de lhes ensinar como se arma o Homenigrama, explicaremos por que é necessário. Para isso lhes mostraremos o diagrama de gostos cruzados sem morte, que vem a ser uma espécie de Cupido desordenado, caótico.

Como verão no diagrama, o símbolo masculino significa, obviamente, homens e o feminino, mulheres. A flecha vai do que ama ao ser amado.

Como verão, um verdadeiro caos. Cruzados, todos cruzados. Em todo o diagrama uma só vez as flechas se correspondem. Se há desordem!

Para corrigir este tipo de situações é que inventei o Homenigrama, método sociológico que as ensinará a ser felizes com um pouco de ordem, objetividade e bom gosto:

2. *Confecção do Homenigrama*

As condições que devemos levar em conta para a confecção do Homenigrama são muito simples.

Caligrama de Gostos Cruzados sem Sorte
(o cupido caótico)

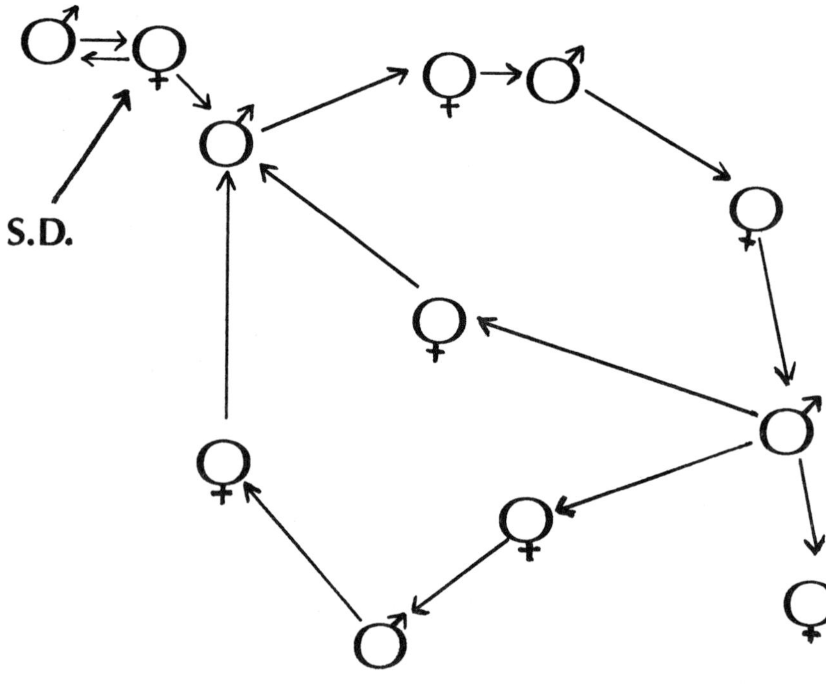

Primeiro: nome ou número do sujeito experimental. Sempre se recomenda o número porque os nomes costumam se repetir e a gente tende a se confundir, porque eles, além disso, com essa mania de se acreditarem únicos, mesmo através dos tempos, nunca se identificam com nome e sobrenome, só com o nome de batismo que a gente nem sabe a quem pertence.

Idade, estado civil, aspecto físico, sensibilidade, interesse sexual dela por ele e vice-versa, interesse afetivo, cultura, interesse ou gostos comuns, etc. A posição econômica se coloca a *piacere* da aluna.

Este trabalho se efetua detalhadamente (usando de preferência papel quadriculado no computador) e se marca à mão com flechas e asteriscos. A posição de flechas indicará o interesse, por exemplo: flecha para cima significa muito alto; flecha para baixo, muito baixo; também se poderia colocar a flecha no meio. O número de asteriscos indica a qualidade ou quantidade em cultura, aspecto físico, etc.

O Homenigrama e também o Manual possuem como anexo um Dicionário onde poderão consultar as definições de onomatopéias, como por exemplo: Crunch e Crunch Crunch.

Uma vez efetuado este simples trabalho, a SD poderá escolher o SE que reúna as Condições Ótimas Objetivas (ou seja COO), que é aquele com maior número de flechas altas e de asteriscos. O COO deve ser considerado o alvo móvel da SD. Claro, se falha, deverá seguir ampliando o Homenigrama (e se não falha, também), descartando para sempre o que não serviu. As divorciadas devem entender que os homens são descartáveis, como os dólares: quer dizer, o que se obtém com uma nota de cem dólares se obtém igualmente com outra nota de cem dólares (íamos dizer um dólar, mas é que eles são tão suscetíveis...).

Passaremos a analisar detalhadamente o Homenigrama de Inés. Destacar folha adjunta.

Mas antes faremos uma exortação:

Querida divorciada
tenha muito cuidado
em quem os olhos fixa.
Olha que pode ser
separado, casado,
solteiro, divorciado
ou viúvo com dor.
Todas as categorias
você tem expostas aqui.
A que não escolher
deixe compartilhar,
já que, não se nota
demasiado
(em nossa situação),
o material não abunda
e se é bom, pior.
Portanto,
seja solidária
e a suas irmãs
deixe consultar
seu Homenigrama
(depois de você, por favor).

3. Versos do Sujeito Experimental

Antes de passarmos aos exemplos de Sujeitos Experimentais, explicaremos com um breve poema a filosofia destes sujeitos com relação a Inés.

Eles cantam os

Versos do Sujeito Experimental

Cante e não chore, coração
por que gosta de chorar?

Chorar traz rugas
assim você deve amar (Eu a consolarei!)
– Amar sem olhar a quem?
Sim, é um esporte eficaz,
faz circular o sangue,
faz parecer jovial...
AME, AME, AME, AME,
Me ame!
O que, não gosta de mim
Isso é impossível!
O que diria mamãe?
que me dizia que eu era o melhor e o mais lindo...
Não se ofenda, mas...
está certa de que gosta dos homens?
Ah, é de mim que não gosta!
Pior para você, imbecil,
não sabe o que perde.
O que será que pensou esta fulana?

XII

Reflexões sobre os SE, os maridos, o baile, o romantismo e o problema do bolero

As SD, como já sabemos, gostam de dançar (todas as mulheres gostam). Antes de serem maridos, seus ex-maridos também gostavam de dançar. Quando se tornam maridos já não dançam (nem fazem outras coisas). Quando deixam de ser maridos e se tornam (temporariamente) em SE, voltam a dançar. Logo se recasam e o círculo continua.

Mas Inés, a SD, comprovou que a maior parte dos homens com os quais saía não gostava de dançar de verdade. Só gostava de dançar... boleros.

Por que será que os homens gostam de bolero?

Inés, logo após sua separação, começou uma série de atividades de que sempre gostara mas que por estar casada tinha deixado de lado (como definição teórica de boba pura). Uma das ditas atividades é dançar, questão que sempre foi muito importante para ela. Agora, como não tem mais desculpas, vai e dança, e o faz muito bem. Assim, dançar começa a ser cada vez mais importante para ela.

Conhecemos graves casos de mulheres que, reconciliadas com seus maridos logo após uma separação, se viram confrontadas em suas vidas a um *turning point* (momento de decisão: a mesma coisa que no filme mas diferente): ou marido ou dançar. Já dissemos que o marido não gosta de dançar. São poucos os maridos que gostam de dançar. Gostam menos de dançar quanto mais maridos são.

Voltemos a Inés, que gostava de dançar quando era casada, mas... tinha marido. Agora dança seguido com amigas e amigos, divorciados ou viúvos, que quando eram maridos não gostavam de dançar, ou com casados, que dançam, mas não com as esposas, e solteiros, que ainda dançam porque nunca se casaram. Aqui se apresenta um problema a Inés: não encontra um homem nem de sua idade, nem com menos – com mais nem falar – que goste de dançar com ela, que possua a resistência dela... ou que não goste de bolero.

Dizem que nós é que somos românticas... mas são os homens que gostam de bolero.

Mesmo quando gostam da música rio-platense, do tango, dos *blues,* do *rock and roll*, ou de Bob Marley, ainda que sejam fanáticos por Depeche Mode, Led Zeppelin ou Gun's and Roses, pelos Redonditos de Ricota, Eric Clapton ou Queen, por *rap* ou marcharancho, lembrem: praticamente não há um homem que, sendo SE, não goste de dançar bolero ou pelo menos música lenta.

Os homens, mesmo os *heavy metal*, estão inconscientemente programados para a dança romântica, educados desde a infância por tias cafonas que cantavam as canções de Los Panchos e Julio Iglesias enquanto regavam suas plantinhas.

Se você gosta de dançar de verdade, o que se diz dançar (espalhar-se, sacudir-se, mexer a pélvis, levantar as pernas, etc.), e o homem que a convidou gosta de dança romântica, de dançar colado (e suando)... fique em casa e dance sozinha.

Se você gostou do homem, bem... não é um defeito tão grave que ele goste de dançar bolero... pior seria se gostasse de cantá-lo.

Nunca se esqueça que quando um homem a convida para dançar música "suave", está passando o filme com lua, vagalumes, os sortilégios dos passeios noturnos pelo bosque ou pela praia, as fogueiras, o amor à luz das estrelas, etc.

Tenha claro se o que você quer é dançar para se divertir, e economizará uma noite espantosa... ou será ótimo se você gosta dele; a escolha é sua. Agora, isso sim, cuidado com as formigas.

XIII

Os quatricentauros

Os quatricentauros foram uma espécie comum até pouco tempo atrás. Depois, aparentemente, se extinguiram, mas como os dinossauros de *Jurassick Park*, reapareceram.

Definição: o quatricentauro está constituído em sua parte superior por um homem, a parte inferior por quatro rodas. A máquina do amor – um carro – envolve-o e ele o dota de qualidades mágicas, sobretudo quanto mais moderna é a máquina e mais velho o quatricentauro. Daí sua resistência a descer dela.

Ou seja, estamos falando dos que atacam de carro.

Como lhes disse, os quatricentauros reapareceram, só que muito mais envelhecidos. Os modernos saem em turmas de seis, no Fiat Uno da mamãe, botando meio corpo pela janela, com as garrafas de cerveja nas mãos e gritando para as mulheres que andam caminhando. Pelo menos, os de antes queriam encontrar uma mulher... estes de agora não se sabe o que querem e é melhor nem averiguar.

Foi detectado entre os que andam sós muitos maridos de férias, e a época em que são mais numerosos é no verão.

Regras para quatricentauros sós: ignorar completamente os que não descem dos carros, embora falem de dentro: são os piores. Esta regra não admite nenhuma exceção.

Escutem, se não acreditam, a canção do quatricentauro que não desce (em geral é casado). Mas que peste!

– Suba no carro, minha querida
que lindas pernas você tem
Quando nos podemos ver?
Vamos tomar um uísque?
– Onde, posso saber?
– No meu apartamento, claro,
onde não podem nos ver.
– Não me importo que me vejam.
– Mas eu sim! Sabe como é,
eu respeito minha mulher.
– Quanto tempo faz que não a vê?
– Faz uma hora, por quê?
Não lhes disse? Inflexibilidade absoluta.

1) Regra geral para os que descem: buscam "programa", nem mais nem menos.

Forma de afastá-los: muito simples, fora da máquina do amor devem falar... e aí levamos três mil quilômetros de vantagem sobre eles.

Atualmente, queridas alunas, quem anda de carro somos nós, mulheres. Se faz assim (tomem nota, por favor): divisado um SE que nos agrade o suficiente, se freia cuidadosamente, se estaciona corretamente (atenção para as multas), se desce e se encara: "Olha, pelo que deu pra ver, acho que gostei de você. Quer um café?"

Devo advertir que o último exemplar com quem se experimentou esta tática ainda está correndo com rumo desconhecido. Talvez pelo ano 2030...

As besteiras que dizem (por dentro) são impublicáveis. Não, por censura, não. Por mau gosto, por simplórias.

XIV

Prólogo aos Sujeitos Experimentais

E chegamos à parte mais interessante de nosso estudo, aos materiais vivenciais de estudo: os chamados Sujeitos Experimentais, ou seja, os homens. Para seu estudo os dividiremos em três categorias arbitrárias, tão arbitrárias como a que proporciona este livro, ou seja, o estado civil, criado pelas leis (que geralmente foram feitas pelos homens) e também pela cultura.

As demais variantes podem ser infinitas. Se os dividimos por cor de pele ou por raça ou nacionalidade se arma uma confusão bárbara: impossível distinguir entre Sting e William Hurt se os dois são loiros e ternos (pelo menos nas telas); nem entre Prince e Denzel Washington se os dois são negros e divinos, e levem em conta que três deles são norte-americanos e um inglês, embora dois deles na realidade sejam afro-norte-americanos, e se além disso acrescento amarelos, índios, hindus, semitas e as raças inferiores (em número) como a branca... armaremos uma confusão...

Advirto que estão excluídos deste livro – e a vocês aconselho que os excluam de suas vidas – os que exercem qualquer tipo de violência, inclusive a cotidiana e sutil contra qualquer ser vivo ou contra a Mãe Natureza, já que não os considero homens, nem sequer corvos. E não continuo porque senão ficaremos sem materiais.

Portanto a divisão será entre casados, divorciados e solteiros. Aos viúvos dedicaremos um pequeno capítulo, a pedido do editor, embora nunca tenham entrado em nossas investigações.

Mas antes, deixem-me adverti-las de algo: nada mudou tanto como os homens na última década: se tornaram apegados e afetivos. Agora, os solteiros querem se casar, os divorciados querem se casar, os viúvos querem se casar, e até os casados querem se casar – de novo – e todos querem, de passagem, mudar de casa gratuitamente. Ir para onde? Para as suas, minhas queridas divorciadas, claro.

Como mudaram os homens! Antes não queriam que suas mulheres trabalhassem. Hoje querem que elas os mantenham.

Poupança dos homens

Arroz com leite, quero me casar
com uma senhora ou senhorita do bairro Oriental
que saiba coser, que saiba bordar,
que saiba cozinhar, que saiba fazer as contas
para eu poupar
Que não abra a porta para ir brincar
que a abra para ir trabalhar.
Com esta sim, com esta também
com qualquer senhora ou senhorita assim
eu me caso.

Enfim, se tivéssemos feito caso da sabedoria popular, as coisas não teriam acontecido como aconteceram. As que fizeram caso – e por isso se chamam casadas – que nos desculpem, mas não venham pedir satisfação a nós, divorciadas, e sim a eles, seus maridos. Afinal de contas, quem jurou fidelidade a quem?

XV

SUJEITOS EXPERIMENTAIS CASADOS

"A culpa é o divórcio dos amantes."

Fany Puyesky

Por que agora incluo os homens casados como Sujeitos Experimentais? E não apenas isso, senão que os recomendo? Será que mudei de idéia? Não, é que o mundo entrou em compasso – somente nisto, por hora – com minhas idéias e por isso posso lhes falar sem grandes problemas. E certamente será o momento de mudar novamente de idéia, já que resulta perigoso – para mim – pensar como o resto do mundo.

Mas por hora, minha querida aluna, os casados têm uma grande vantagem: já estão casados... com outro. Por isso, não podem, embora queiram, se casar com a gente. Que alívio!

Combinação ideal: uma mulher que não quer se casar com um homem que não pode se casar, que não pode exigir nem aspirar ao que não pode oferecer (fidelidade, com perdão da palavra, entre outras coisas) e que já tem alguém que lhe faça tudo o que nenhuma divorciada que se preze fará nunca: ocupar-se dele em outros terrenos que não o de sensualidade.

Se não precisasse de ninguém seria perfeito, mas somos realistas e ele também.

A segunda vantagem dos casados é que chegam recém lavadinhos, passadinhos, perfumados e contentes de passar um bom momento, e quando ficam na lona, voltam para o lar para se refazerem... não é nosso problema.

A terceira grande vantagem dos casados é que são eles os que oferecem e querem o mesmo que a SD: paquera, romance e até amor.

Todo o resto já têm em casa. Os outros homens, em troca, querem da divorciada o que o casado já tem, que é quem lhes faça as coisas, que é justamente o que fazia a divorciada até que se encheu e se divorciou... buscando romance. Por isso é incongruente que a SD queira se casar de novo... para se encher de novo.

Regra: todo homem que se torna um marido se torna um chato. Os homens casados também são chatos... com as esposas. Com a SD, em troca, são divertidíssimos, porque fazem com ela o que não podem fazer com a esposa, porque a rotina estraga tudo... ou porque as esposas também são chatas... com seus maridos...

A ilusão da liberdade e a necessidade de fantasia amorosa no homem casado

Estas são necessidades dos casados que só podem ocorrer saindo com mulheres divorciadas ou com solteiras que dizem que não querem se casar... mas, como saber se isso é certo? O fantasma de Glenn Close em *Atração Fatal* se levanta e ele não sabe se ela, a solteira, não acabará cozinhando à caçadora o coelhinho da garota, como, por outro lado, fazia a esposa da *Guerra dos Roses*, Kathleen Turner, que fez patê com o fígado do cachorrinho do marido, o que demonstra que tampouco nas casadas pode se confiar. E nem se fala das solteiras que dormem com um furador de gelo debaixo da cama, como Sharon Stone em *Instinto Selvagem*... e tudo, tudo acontece ao pobre Michael Douglas. Com razão terminou internado numa clínica.

Assim tem de confiar nas divorciadas, já que seu instinto lhe diz que uma mulher que já se casou uma vez dificilmente vai querer repetir. Ele o sabe muito bem (porque a esposa lhe diz todo o dia), embora já se saiba que eles acreditam que podem fazer mudar de idéia a uma mulher se quiserem. Mas não querem... por hora.

Em sua necessidade de fantasia amorosa, o SE casado quer que o queiram pelo que é.

Também mitificam a relação com a SD, já que dizem a Inés que quando estão com ela tudo é um remanso de paz, o que demonstra que eles não querem saber realmente como ela é (nem como é nenhuma outra mulher), já que ninguém – e, sejamos sinceras, muito menos uma mulher divorciada – é um remanso de paz.

Vejamos como tudo isto encaixa com a ilusão e a fantasia e sobretudo por que deve ficar assim: como podemos saber como são e querê-los por isso, se os vemos umas horas por semana, de manhã ou à hora do almoço ou numa escapada do trabalho ou vespertina? Impossível.

E na realidade e principalmente: para que queremos saber como são? Se sabemos, na certa acaba o romance.

Os SE casados devem se conformar e não pretender o impossível. Salvo que sua necessidade de fantasia seja tão grande que pensem que merecem ser amados (é provável que sim, mas é melhor não averiguar, em vista do que há).

Por outro lado, alunas, joguemos limpo. Eles também não querem saber como nós somos e, realmente, para que queremos que nos vejam tal como somos? Na certa que também se acabará a fantasia.

Como verão, é melhor assim, já que ambos buscam e desejam a mesma coisa: fantasia, romance, ficar numa boa sem complicações, com sensualidade, alegria, humor, companheirismo e a maior paz possível. O que só se consegue não contaminando de rotina e de cotidianidade a relação, tanto de fora como de dentro. Além disso, se tudo nos corre bem com eles umas horas semanais, para que queremos bancá-los o resto do tempo? Se víssemos um homem apenas todos os dias não só não seríamos livres para ver outros, como a relação se deterioraria, porque nem o melhor casal de amantes resiste à rotina de ser amantes, me explico?

E além disso, cedo ou tarde a relação se contaminaria com os problemas dele, já que compartilhará com você as coisas ruins. E com um amante só se compartilham as coisas boas... as más que compartilhe com a esposa.

Também há amantes com os quais se compartilham apenas uma coisa: a paixão. Mas esse é um tema muito sério.

Diferentes tipos de casados

Assim como existem diferentes tipos de divorciadas, há diferentes tipos de casados (como vêem, não generalizamos).

Há o casado que deseja liberdade, fantasia e romance (para não dizer amor) que antes analisamos. Às vezes busca e, claro, o encontra. Às vezes não o busca e também o encontra. Este último costuma ser o mais sincero.

Mas não sabemos por que se casaram alguns casados. Antes e durante o casamento, aprenderam a controlar suas pupilas de tal forma que uma parece conjugal e sincera e a outra se desvia ante qualquer mulher sozinha que passe. Dirigindo o carro, com as crianças nas costas no parque e na praia, sobretudo, aperfeiçoaram tão bem sua técnica que a única que não enganam é a mulher que olham.

Bem, na verdade sabemos por que se casaram. Assim como os anteriores se casaram sinceramente, apaixonados ou pensando que sim, esperando compartilhar a alegria da vida a dois e ser fiéis em reciprocidade o resto de seus dias (o dano que Hollywood causou neste tema do amor e do casamento ainda está para ser medido!), estes se casaram para ter com exclusividade uma mulher que os cuide, que tenha e atenda os filhos, lhes seja fiel (mesmo que ela engorde), escute suas queixas e tenha a casa e as camisas ordenadas.

Estes querem continuar casados, para o bem ou para o mal, e o dirão de saída a Inés. Não enganam Inés... enganam a mulher... embora eles digam que a respeitem.

São os que necessitam de uma gueixa e transformam em gueixa qualquer mulher que se aproxime deles (menos a esposa, claro). São os que usam as mulheres segundo seus critérios bastante domésticos e fora de moda, os que são mais corvos do que Sujeitos Experimentais.

Podem ser reconhecidos por várias coisas: se sentem atraídos por mulheres que, em geral, fogem do doméstico, são não-tradicionais e independentes. No entanto, para eles parece o supra-sumo da aventura comprar um galeto e uma garrafinha de vinho para tentarem - sem sucesso - instalar-se nas casas. Pensem, SD: se lhes interessa uma mulher não-tradicional, vocês não acham que deveriam lhe oferecer algo mais excitante do que a "bóia"? Ou pretendem converter essa mulher que os atrai numa mulher doméstica, porque não sabem ver as mulheres de outras maneiras que não a tradicional? É que eles são o símbolo da tradição. E estou me referindo a homens de todas as posições políticas, mesmo os mais revolucionários - da casa para fora.

Estes homens se espantam muitíssimo frente às mulheres que escolhem - as não-tradicionais. Elas lhes desmontam os esquemas - esses que eles pensam não ter, senão seriam corvos - e não sabem a que se ater - de fato, ainda não saíram de seu assombro - porque o que sai fora do comum e repetido diariamente os assusta, e agora recém se dão conta disso, pois viveram assim, mesmo sem notá-lo.

A divorciada os põe à prova constantemente, e se é economicamente independente (coisa que admiram, desde que não seja na própria mulher, e muitos invejam, sobretudo se ganhamos mais que eles), se é culta, desejável e se sofreu (isto os choca, coitadinhos)... não sabem como reagir e a única coisa que lhes ocorre é pensar que encontraram a mulher de suas vidas.

Mas... claro, como lhes faltam séculos de educação e anos de juízo e compreensão de como as mulheres mudaram, eles mesmos se autodescartam, já que não são capazes de tratar de modo diferente mulheres diferentes. Embora saibam conscientemente que a gente está trabalhando a maior parte do dia, ligam para casa na hora da telenovela ou logo que acabou o expediente, pensando sem dúvida que a gente voltará correndo para fazer a janta para os filhos (grandes) ou para trocar as fraldas dos adolescentes. De acordo com seu esquema do trabalho-para-casa, por mais livre que seja a mulher, não ligam para ela no trabalho, onde sabem efetivamente que ela está, mas para casa, onde desejam inconscientemente que esteja (como as mulheres que eles conhecem ou pensam conhecer) e onde só um homem do fim do século (passado, claro) pode supor que ela sempre estará. Resultado, ela nunca está onde ele espera que ela deva estar, porque ele não sabe mudar sua mentalidade adaptando-a à realidade dela e supõe mal, porque, além disso, jamais faz o óbvio que deveria fazer com uma mulher livre: perguntar a ela onde está, a que horas e quando ela quer que ele ligue para ela, ou esperar que ela ligue para ele.

Por que é tão difícil para eles perguntar a uma mulher, escutá-la e agir de acordo com a informação recebida? Por que preferem agir com uma mulher deste século como se fosse sua mamãe ou sua vovozinha ou uma mulher tradicional dessas que quase não existem mais (pelo menos livres)? Não se dão conta do tempo que perdem ao insistir em telefonar para onde ela nunca vai estar, enquanto que se tivessem escutado e assimilado a informação que ela dá de si mesma – e não a que ele imagina – seria mais fácil para os dois se encontrarem.

Assim, este SE casado que logo catalogaremos causa mais conflitos ainda com o tempo, produto de sua mentalidade rígida e conservadora. Se agisse prestando atenção na informação que ela lhe dá, não passaria pelo ridículo ao dizer com voz de ofendido: "liguei sete vezes e você não estava, faz um mês que não lhe encontro...", com o agravante de que não vai encontrá-la jamais se continuar assim, é óbvio, a menos que ela fique com pena e ligue para lhe dar uma lição e lhe assegurar que, se a tivesse procurado onde estava, teriam estado numa boa durante esse mês perdido... no qual ela sim passou numa boa... com outro que sabia direitinho onde ela estava.

São sujeitos que esperam o inesperável, quer dizer, que as mulheres estejam à disposição de seus esquemas e suas ligações em horas e lugares fora de lugar.

Advirto que o que digo aqui é aplicável a muitos homens e não só a esta classe de casados, mas é mais notório nestes, já que ao estarem imersos numa situação tradicional durante tanto tempo, com uma mulher que – geralmente – se acomoda a seus esquemas, é mais difícil para eles se dar conta de que nem todas as outras mulheres vão agir como sua mulherzinha, ou seja, de maneira previsível e segura, o que para eles é mais cômodo.

Bem, temos que catalogar estes SE casados como tradicionalistas e chatos, já que não buscam algo novo, mas repetir (com as SD) *ad eternum* seus tediosos panoramas domésticos.

A mensagem que damos (a eles e a vocês, alunas) é que fiquem – eles – com a garrafinha de vinho e o galeto, mas em sua casinha, com sua mulherzinha legal e não venham incomodar as mulheres livres, que têm de sair com tipos divertidos porque já se chatearam bastante com os maridos. Eles não estão preparados para nós.

Coragem, chatos: vocês não têm tempo (e além disso o perdem ao telefone). Já estão programados para casa, mulher, filhos e trabalho. Uma aventura ocasional? Sim, se a mulher deixar. O resto não é para vocês. Abandonem suas ilusões donjuanescas em prol de seus maduros miocárdios, de suas tranqüilidades pessoais e domésticas. No fundo é o que querem, não é mesmo?

A grande desvantagem dos SE casados: a culpa

Cedo ou tarde (às vezes nunca, mas sua sombra sempre está presente) a culpa, esse grande invento dos repressores de todos os tempos para manter as pessoas nos moldes, campeará ou fará sua aparição sobre o ânimo dos casados.

Quanto melhor pessoa for um casado, mais sincera a culpa. No entanto, quanto mais progride ele em seu caminho de liberdade pessoal (ela também existe para os homens) e em aprender a se permitir ter seus próprios espaços de liberdade e prazer, menor será a culpa, porque ele entenderá que tem direito a viver algo secreto e único dele, que seja mais que a rotina doméstica e o amor seguro que tem com sua esposa. E por aí também melhorará sua relação com a esposa e será mais feliz em ambos e diferentes espaços. (Aplicáveis também às casadas.)

A culpa é o divórcio dos amantes.

Muitos permanecem, com culpa e tudo.

Outros vão se angustiando por ela. Portanto, desfrutem da relação com SE casados até que a culpa... deles os separe.

Amém.

Vantagens e desvantagens dos homens casados (sujeitos experimentais) e o Tempo

O tempo coloca problemas aos SE casados e às divorciadas que com eles saem (às solteiras coloca muito mais, mas não é o tema deste livro).

Qual é o problema com o tempo? É que eles não têm tempo para dedicar à relação senão em detrimento do que já têm.

Tratam de dar um jeito vendo as divorciadas em horas insólitas. De noite: nunca. Sábados, domingos, feriados e férias: no lar, com mulher e filhos (e sogra e cunhados, etc.).

Isto pode fazer a divorciada pensar que a relação está desnivelada porque ela tem mais tempo que eles e, por sua vez, também tem filhos, amigos, cursos, trabalho, sai mais e tem que sacrificar algo de suas atividades para estar com ele quando ele pode. Para algumas mulheres estes encontros podem parecer frustrantes, porque gostam de compartilhar mais coisas que a cama, porque um dos dois pode estar apressado enquanto o outro não, porque são encontros ocultos e a uma mulher que não tem por que se esconder pode parecer insultuoso fazê-lo, porque lhe incomoda que sejam escassos, porque lhe parece ridículo vê-lo tomar banho para apagar rastros de perfume, ou botar as meias ou a camiseta com todo cuidado, não vá botar nada pelo avesso ou esquecer alguma coisa.

Para a divorciada estes encontros podem parecer insatisfatórios, porque em duas ou três horas (por menos nem vale a pena tirar a roupa) se fica algo sem tratar entre eles será o que se refere a ela, porque ele (salvo quando já aprendeu que não deve fazê-lo) sempre encontra tempo para falar de seus problemas com o trabalho, com a esposa e com ela.

Se diria que ele tem problemas mais importantes, não? Pois não. Ele é homem e não tem os problemas dela, que é mulher; ele é casado e não tem os problemas dela, que é divorciada. Ele está apoiado em toda uma estrutura e ela em ninguém... nem nele tampouco.

Assim, pensemos como ele vê a relação e aprendamos algo com os homens, por algum motivo passam melhor que as mulheres. Ele pensa que o melhor da relação é compartilhar o segredo que dita relação supõe, e não entende que ela deseje compartilhar outras coisas. Ele pensa que quando estão juntos ela deve deixar sua envoltura normal e se tornar Cleópatra, assim ele pode ser Antônio (sem deixar de ser quem é, porque senão não poderia lhe contar seus problemas, com o que verão que algo ele dá para compartilhar... seus problemas) e não entende que ela deseje coisas novas e próprias para vivê-las juntos. Aí ele entoa o Lamento do Casado.

Lamento do Casado

Mas não seja assim,
não pode compreender
a saudade que sinto por você?
Sim, faz duas semanas que não a vejo,
minhas ocupações me impediram,
mas não vejo por que isso
tenha que lhe fazer mal.
Porque quando nos vemos
deve ser um grande feitiço.
Seus problemas me interessam,
como não?!
Mas quando nos vemos
você não deve ser você
nem eu, eu.
Você deve ser Cleópatra, eu Antônio
e juntos conquistaremos o mundo
saindo dele por um instante.
O quê? Os problemas continuarão na mesma?
Sim, mas estaremos contentes
e outro dia com mais tempo
poderemos resolvê-los juntos,
mas enquanto isso
você, que é tão capaz, inteligente,
mulher e tudo o mais
sozinha basta e sobra
para essas ninharias.
Por favor, querida, não desperdicemos
o tempo discutindo essas besteiras.
Vamos, se apresse.
Venha pra cama.

E sabem de uma coisa? Ele tem razão. Pense um pouco, aluna. Alguma vez um homem ajudou a resolver seus problemas? Quem? Seu marido? Por favor, então por que se divorciou? E se ele não lhe ajudou, e isso que era o pai de seus filhos, o amo da casa, e certamente o causador dos problemas, por que vai pretender que este (que, seja dito de passagem, é o pai de outros filhos, o amo de outra casa e causador dos problemas de outra mulher) o faça?

Não se dá conta de que já se ajudam bastante mutuamente fabricando esse mundo privado onde não há telefones, fax, cobradores, rotina, crianças, problemas e onde só deve haver música, natureza (se possível), champanhe e gozo?

Isso sim, aprenda com ele. Nem pense em ajudá-lo, nem sequer escutá-lo falar de seus problemas.

Seus conflitos com o tempo provêm – no começo de sua carreira de divorciada – dos esquemas obsoletos que lhe meteram a ferro na cabeça que só se pode ser feliz na instituição sacralizada pelas direitas e pelas esquerdas (sobretudo por estas): O Casal e O Casamento. O que, na era pós-moderna, não é assim e já foi demonstrado, embora se tente voltar a isso não precisamente em busca da felicidade, porque não é certo. Se não, faça uma pequena investigação ao seu redor e conte quantos casais felizes você conhece. Viu como estão sacralizados?

Quando você deixar de lado este masoquismo, talvez comece a aprender que as coisas não são como você pensava, ou seja, que os encontros não têm por que serem frustrantes se não se espera deles mais do que se deve compartilhar: o prazer de estar juntos. E se um dos dois tem pouco tempo esse dia, melhor deixarem para outro dia. É melhor viver uma relação oculta do que escutar gente boba opinando sobre o que não lhe interessa, principalmente quando se tem mais de uma relação e o oculto protege de mexericos, ciúmes, etc. Se ele tem de se cuidar dos perfumes, as meias e a camiseta... é problema dele e não seu, e na realidade é bobo querer compartilhar tudo com um homem a quem se tem umas horas por semana, em vez de aproveitar essas horas em fazer uma só coisa bem, que é a que mais tem que ver com ambos. E que as horas que parecem insólitas na verdade quebram a rotina, porque, quando você fazia amor nas horas "normais" com seu marido, se chateava...

Além do mais, se não nos dão mais tempo, para que o queremos?

Lembrem aquela cena do filme *A Rosa Púrpura do Cairo*, onde o sonho de amor masculino da protagonista, que era uma figura de celulóide, descia da tela e juntos viviam românticos momentos de amor, enquanto os outros personagens de celulóide esperavam enfurecidos.

Imaginem o que teria acontecido entre eles, se ele, em vez de voltar à tela, imaculado como saiu, tivesse pedido que ela lhe passasse o casaco ou que lhe preparasse uns raviólis caseiros. Não sei se se dão conta da semelhança, mas é a forma em que nós, mulheres, devemos aproveitar o tempo em nosso benefício.

Qual é o problema se, enquanto eles passam o fim de semana domesticamente, as alunas (em vez de sofrer imaginando imbecilidades) podem fazer tudo ao contrário, quer dizer, divertir-se em vez de se chatear como ele. Porque se um homem não tem tempo... dois homens têm mais tempo (quer dizer, para que o use a SD somando o tempo de um e de outro).

É assim que chegamos àquela fórmula perfeita que aconselhavam as avozinhas (índias) sobre as velas acesas: é preciso sempre ter mais de uma, para o caso de uma se apagar.

Porque se um homem desaparece... sempre haverá outro que apareça. Por aí, entre vários, pode se formar um... e é muito mais variado e divertido. E se encontram um que nunca desaparece, que é terno, afetuoso, etc. (HPD), certamente encontrarão amor e/ou paixão e não a vão perder no casamento.

Então esta fórmula – liberdade, diversão e romance – se conjuga perfeitamente com possibilidades de mais romance (e ainda de amor e de casamento, se insistem, coisa que duvido, depois de lhes ter confiado este invento).

XVI

OUTRAS COISINHAS SOBRE OS CASADOS

Restam algumas coisinhas para dizer dos casados. Vejamos.

Maridos em férias

Este é um subgrupo de casados abundantes no verão, e pode induzir as SD a erros.

Regras: atenção com os homens que andam soltos pela cidade no verão, segundas, terças e dias em que não há futebol nem basquete. Costumam ser maridos em férias... em férias de marido, já que quem veraneia fora é a família.

Segunda é o dia em que mais pulula este subgrupo. Não conhecemos a explicação, mas imaginamos (ao ver as caras de marido nos domingos): todo fim de semana com a família foi demasiado para eles. Em relação à categoria geral de casados, têm uma vantagem (para eles, não para nós): têm mais tempo. Mas, passado o verão, voltam a ser homens casados em estado bruto.

Vamos lhes dar umas últimas regras para não se perderem na relação com SE Casados (aplicáveis também a corvos casados).

– Liberdade absoluta... por parte dela. Ela é livre, ele não.

– Se teve um resultado negativo, arquiva-o, tratando-o como aprendizagem negativa com resultados positivos: não repetir o mesmo tipo de experiência que não serviu (diga-se de passagem, é como devem ser capitalizadas as experiências negativas).

– Rapidez para se dar conta se uma relação serve ou não. Nada de dramas, nem esperas, nem tormentos imaginários desses que agradam tanto às mulheres, porque os confundem com amor. Existem outras coisas mais alegres e desfrutáveis esperando, para a gente perder tempo sofrendo. Além do que nenhum homem merece ser a causa de mais uma ruga no rosto de uma mulher. Se não serve para dar alegria, risque-o.

E uma mensagem final aos homens, a quem certamente parte do que digo agradará, porque pensam que se beneficiarão disso, e a outra parte, a que beneficia às mulheres a custa deles, não lhes agradará nada.

Queridos homens: vocês não podem criticar as mulheres livres porque não o são, nem – pior – querem-no ser. Assim que, caladinhos, cumprindo seus papéis, já que a liberdade há que merecer e vocês não só não fazem nada para consegui-la como também se empenham em perdê-la. Portanto, em vez de criticar e invejar, nos admirem como merecemos por sermos valentes e livres, coisa que vocês não são a menos que sejam empurrados.

XVII

SUJEITOS EXPERIMENTAIS DIVORCIADOS

"Os escassos divorciados que restam estão supervalorizados: sofrem de inflação."

Fany Puyesky

Os divorciados são uma espécie em extinção.

Na verdade, estamos em condições de afirmar que quase não existem mais, porque antes de se divorciarem já estão casados de novo. São os divorciados vapt-vupt (saem de uma, mas antes já estão noutra); não vá a segunda se arrepender e ele ficar sozinho.

Medo de AIDS? Tiveram a breve ilusão da liberdade e, ao torná-la realidade, não foram capazes de mantê-la e se acomodaram (como os hippies). Ou será simplesmente que buscam outra mulher que lhes faça as coisas? Grande incógnita que vocês desvendarão, se têm vontade, em cada caso. Recomendo-lhes que não utilizem mais de dez minutos, porque os divorciados adoram contar suas histórias mais de uma vez. Não diremos que são mais chatos do que os outros homens, porque quase todos o são, mas, como têm mais tempo que os casados, seus monólogos são mais cansativos e longos. E nós, divorciadas, não estamos aí para escutar nem consolar os chatos. Deixamos isso para as solteiras que procuram marido.

O fracasso dos divorciados é um dado interessante da sociedade pós-moderna, que indicaria que a liberdade não se faz para os homens, já que estes homens a conseguiram e logo a ela renunciaram, assim como à independência e à aventura. Também poderia indicar que até que as escolas – e a família, o papai e a mamãe – não eduquem de outra maneira os homens, eles continuarão sendo dependentes das mulheres, negando-se, por comodidade, a tomar as rédeas de sua própria vida.

Antes os divorciados tinham duas regras:

1. Defenda a liberdade adquirida

Depois de seu fracasso, nós, as divorciadas e outras mulheres também, internalizamos a liberdade como algo próprio (outro dado da sociedade pós-moderna) logo que eles abjuraram dela.

Sim, nós, divorciadas, aprendemos a usá-la em benefício próprio porque: você andou pensando, querida divorciada, em ter de novo um homem em sua casa, com tudo o que um homem implica (suas preocupações – embora você não as tome como suas, lhe contaminam – assim como sua comidinha, sua roupinha, seus gostos, o espaço dele que invade o seu, o guarda-roupa de novo compartilhado como o banheiro)? E sem briga? E a nova sogra? E a ex-mulher? E os filhos, com as pensões alimentícias, as férias, os domingos? E se é mais chato ainda que o outro?

Tinham razão os divorciados ao defenderem sua liberdade; agora nós fazemos o mesmo... com a nossa.

2. *Desfrute da liberdade reconquistada.*

Antes eles tinham medo de serem vistos com a SD, porque como os dois eram livres, os outros os comprometiam. Isso corroía um pouco a relação porque – igual ao que ocorre com os casados, só que sem a desculpa que eles têm – não havia chance de desfrutar de coisas juntos. Se deram conta disso e agora querem compartilhar tudo para se colocarem em vantagem sobre os casados. Demasiado tarde. Agora nós nos demos conta de que, se lhes fazemos caso, quem vai se comprometer somos nós com eles, que são livres. Que não venham com essa, então!

O divorciado prefere a SD porque:

– Ela está desiludida do amor e não espera muito (qualquer coisa lhe cai bem, pensa ele, modesto).

– Ela não quer ter mais filhos, não está ansiosa sobre isso.

– Ela o compreende nos seus problemas de ex-casado com filhos (coisa que uma solteira não costuma fazer).

– Não sente que a faz perder tempo: em troca, sente-o como solteira ou ele o faz sentir.

– Importante conselho para as solteiras com mais de 25: não demonstrar tanta ansiedade. Não pensar que sempre as mesmas se casam. Lembrar que ele já tem filhos e que em geral não quer mais, e sobretudo não se desesperar e se atirar a qualquer um, coisa que lamentavelmente costuma acontecer. Vocês merecem, por ansiosas. Poderiam esperar um solteiro sem tanto problema. Realmente, não as entendemos: se nós tivéssemos agora 25 anos, não nos casávamos nem amarradas! (Claro, não teríamos a experiência que temos, nem os filhos que temos, mas... não adianta, algumas garotas continuam querendo marido de qualquer jeito, embora não seja para outra coisa que se divorciar dele).

Esclarecimento: os divorciados-divorciados que restam são muito difíceis. Sabem que são material escasso e se supervalorizam. Sofrem de inflação.

Vantagens dos divorciados:

1) Compreensão mútua de problemas com os ex.

2) Idem com os filhos.

3) Conhecem – como a SD – os erros que não devem cometer de novo (isto, agora que o escrevemos, nos parece uma suposição estritamente feminina).

4) Em geral procuram mulheres com os mesmos interesses e gostos comuns. Por isso, se você gosta de música e ele tira o disco e bota no futebol, corte-o em seguida. Se você gosta de poesia e ele de corrida de carros, não insista.

Momentos indicados para formar um par fácil (não disse útil) com um divorciado:

a) São quase todos, como dissemos. Para as muito ansiosas que não toleram esperar, o momento indicado é aquele em que recém se separa: está só e indefeso e saudoso. Nós o desaconselhamos porque o divorciado nesse momento é Material de Desprezo e nós não trabalhamos com esse material, que fique claro.

Assim os deixamos, satisfeitas, para as que aproveitam essas situações, mas como são mulheres advertimos: cuidado com o bumerangue! Uma atitude terna, compreensiva e maternal lhes dará rápidos (não ótimos) resultados, mas depois... que tal se em vez de maridos vocês arrumam mais um filho? Realmente, em que estão pensando? Depois não se queixem dos domingos, das férias, nem de quando tiverem que levar às festas os filhos deles e esperar, enquanto as verdadeiras mães andam sozinhas e livres por aí (em parte graças a vocês), nem de quando vocês fizerem tudo porque, isso sim, eles amarão vocês tanto que para compensá-las lhes transferirão - para que os resolvam - todos os seus problemas... esses que vocês não tinham antes de casar com eles.

Mas muito cuidado: no fundo da alma do SE divorciado e já futuro marido novamente, sempre haverá este pensamento: "Puxa, deveria ter me divertido uns meses em vez de deixar me agarrar de saída outra vez, sou uma besta". (E somos obrigadas a lhe dar razão: É UMA BESTA!) E seus olhinhos traiçoeiros seguirão para sempre as pernas jovens, coisa que dá mais bronca num segundo marido do que num primeiro. Um bom segundo marido já deve ter superado essas coisas (para que queremos um velho verde?).

Isto nos leva a outro importante conselho às solteiras: não aconselhamos este momento para conseguir marido, já dissemos. Deixem o homem viver um pouco, ou vocês sempre ficarão em desvantagem frente à ex-mulher: ela o deixou livre, vocês não.

b) O outro momento adequado é, para os poucos recalcitrantes que restam, quando já ficam velhos. Aí não oferecem nenhuma resistência, pelo contrário. Aí, quem deve opor resistência são vocês.

Pregão do divorciado

Precisa-se uma mulher
que saiba costurar, que saiba passar,
que a meus filhos queira bancar
(uma vez por semana).
Que não queira ter filhos comigo,
que não seja como minha primeira mulher
culpada total
do desastre matrimonial
(por não reconhecer minhas virtudes).
Esta deve ser

uma mulher submissa
que compartilhe minha opinião
sobre o grande cara que sou.

Lamentavelmente, costuma acontecer totalmente ao contrário: é ele quem pensa que a mulher submissa é uma grande mulher e se deixa manejar como nunca (também a experiência do divórcio e a idade o tornaram mais manejável ou manietável, que se pode dizer das duas maneiras).

Segundas esposas: reconheçam o que nos devem as primeiras: nos entregaram um tipo formado. Se não aprendeu, já sabe o que lhe espera.

Mulher submissa: troca de comando!

Mas às vezes eles também pensam:

Que burro fui, que burro sou,
me chateei e as chateei
tudo deixei passar
estamos todos pior.

Estou só num quitinete
de noite entro e só estou.

Tinha casa, amigos, filhos,
de tudo isso dei o fora
a culpa foi toda minha,
ou pelo menos a metade
porque não sei o que quero
em todo lugar estou mal
(estou muito chateado, isso sim)

Fui bruto, cão, insincero
pouco companheiro, a enchi
e agora já está jogado

e sei que tudo perdi.

O pior é que agora tampouco
sei o que quero, e vou
casar-me novamente
e outros filhos ter
(eu não quero, mas ela sim).

(Que há com esta vida?
Por que nós, homens, somos assim?
Quando enjaulados, queremos sair
quando saímos, logo queremos voltar.
Estamos todos pior – eu ao menos
não vou reconhecer que ela está melhor.)

Desvantagens dos divorciados:

1) Se podem e querem se casar, portanto:

2) Ao contrário dos solteiros, arrastam atrás de si um passado que... vai por mim, querida divorciada, melhor você não investigar. E se você ainda quer se casar, recomendo o sábio conselho que dava Greta Garbo para os casamentos: viver em quartos separados, se possível em casas separadas, melhor ainda em cidades diferentes e muito melhor em continentes diferentes. Se isso é demasiado, faça de conta que era solteiro e podem compartilhar seus problemas uma vez por ano, no Natal... e que lhe seja leve a ceia com os seus, os meus e, espero que não, mas quem sabe, os nossos.

Já sei que você acredita que "refará sua vida", mas eu me pergunto: e por que foi que a desfez na primeira vez...? E isso que não havia tanta gente no meio.

XVIII

PRAGAS RECONHECÍVEIS EM TODO TIPO DE ESTADOS CIVIS

Existem outras categorias desfavoráveis de homens que se encontram em todos os estados civis. Veremos neste capítulo alguns exemplos.

Bolsistas e bolsistas-vampiros

Nos referimos a uma espécie que pode ser reconhecida mesmo antes do casamento.

O bolsista é uma categoria – muito desfavorável – cujos caracteres não desaparecem com o tempo. Pelo contrário, se acentuam. O bolsista é aquele que busca não uma esposa, mas uma bolsa. Podem receber a bolsa de sua mulher, de sua ex-mulher, da família de sua mulher ou ex ou do Estado. Os dois primeiros são tão profissionais como o último, mas não o reconhecem.

Quando são divorciados, estes espécimes andam em busca de nova bolsa: para chegar neles é preciso preencher seus requisitos. Ou você ou sua família lhe dá a bolsa. Se não, nem se incomode, já que nem a levará em conta.

Não falo somente de dinheiro. Pode ser um aspirante a bolsista modesto (como em geral os bolsistas são): um empreguinho onde não se trabalhe muito, proporcionado pela família de sua mulher; alguém que mantenha a casa enquanto ele trabalha apenas o suficiente; ou alguém que banque tudo: a casa, os filhos e todos os problemas, econômicos ou não. (E quem vai ser essa pessoa, adivinha?) Este último é o pior tipo de bolsista porque é o bolsista-vampiro. São caracterizados também pelo fato de que não lhe alcançam nem um copo de água.

Regra: com um tipo assim não permaneça nem um minuto mais; é o bolsista-vampiro, sem nenhuma dúvida.

Outra característica: se lhe serve o café, pega a xícara e deixa você com o pires na mão, como se você fosse uma bandeja (para ele é).

Se seu marido deixa as meias sujas e lenços sujos por qualquer lugar, escondidos embaixo da cama, você deve reconhecer que se casou com a pior espécie de bolsista-vampiro-sanguessuga. Pode ser que você consiga curá-lo (previno que cada vez acredito menos nas curas milagrosas) se não fizer absolutamente nada na casa. Se não se cura, pelo menos se irá, ou irá você.

Outro caso interessante é o do Marido Fiscal.

Voltam das férias: ele, sentado em sua poltrona, não faz nada, enquanto a mulher carrega malas, revisa guarda-roupas, recolhe roupas sujas e roupa limpa e úmida, revistas das crianças, as coisas dele esparramadas por aí, etc.

De tanto em tanto, ele levanta sua cabeça do jornal e diz:

Ele: Você se lembrou da minha escovinha amarela de pentear o bigode?

Ela: Sim, está na valise.

Ele: Dê uma conferida, por favor. Se não, amanhã, não posso ir ao escritório com o bigode todo arrepiado.

Ela: Já disse que está. Depois, a valise está no carro, embaixo de tudo.

Ele insiste até que ela vai.

Dali a pouco:

Ele: Deu uma olhada embaixo das camas:

Ela: Siiiiiimmmmmm.

Ele: Tem certeza?
Ela: Grrr (ver Dicionário no apêndice).
Ele: Você recolheu meu short do arame?
Ela: Grrr... grrr (ver Dicionário).

Não vamos continuar com a história porque geralmente acaba mal.

MARIDOS: vocês são maridos, não fiscais. Se têm vocação para fiscais, vão a um lugar onde sejam pegos para exercer essa função. Assim conseguirão:

- Tranqüilidade em seus lares.
- Realizar suas vocações.
- Outro salário.

XIX

SUJEITOS EXPERIMENTAIS SOLTEIROS

"Os jovens procuram mamãe... nós, um homem."

Fany Puyesky

Os solteiros costumam ter uma característica comum: são todos mais novos que as SD entre cinco e 25 anos.

É muito doloroso para os homens quando deixam de ser jovens: eles sabem, por experiência própria, que os homens jovens gostam realmente das mulheres maduras, embora ao envelhecerem não queiram recordar. Por quê? Porque não acontece ao contrário, já que, como disse Esther Villar, se fosse certo que as mulheres jovens gostassem dos homens maduros, veríamos esplendorosas garotinhas casadas com modestos aposentados. Por isso, o homem maduro e o velho sabem que quando uma mulher jovem está com ele pode ser por sua fama, seu dinheiro, seu intelecto ou seu poder... mas nunca por sua idade. E isso não podem tolerar (sobretudo os que não têm nada de dinheiro, intelecto, etc.), assim como não podem tolerar nossa supremacia em outras áreas. Mas, bem, é problema deles que para serem desejáveis tenham que pagar.

Em troca, os homens jovens se aproximam das mulheres maduras porque querem aprender, saber realmente como é fazer amor com alguém de quem se goste verdadeiramente, que não tem os preconceitos nem as urgências das jovens, que não quer casá-lo nem caçá-lo, e que não quer ter filhos porque já os teve. Estamos nos referindo a certo tipo de jovens, aos mais sensíveis e ternos.

Porque alguns homens jovens também têm uma grande desvantagem, que é seu orgulho relacionado ao sexo, melhor dito, à ejaculação (quando não é precoce). Acreditam que porque têm maior potência que os outros homens isso os torna, *ipso facto*, esplêndidos amantes. No máximo leram atentamente Master e Jonhson e todos fazem amor do mesmo modo, mecanicamente, aplicando regras em lugar de estar atentos, perguntar e investigar, já que cada mulher é diferente das demais e só ela e ninguém mais que ela poderá ensinar sobre sua própria sexualidade. De outro modo, fazer amor com estes jovens é como se a gente fosse uma carne grelhada: cinco minutos de um lado, cinco minutos do outro, agora é a hora desse ponto, agora deste outro e agora... o quê? Deveria vir o orgasmo, segundo São Master e Jonhson. E se não vem? Como? Ele se deu a todo esse trabalho e ela se atreve a não reagir como deveria? Todo esse trabalho para que ela se atreva a lhe dizer que faz tudo errado, por ser esquemático, por não investigar, não estar atento e não perguntar (a ela, sobre ela, casualmente)?

Como verão, os esquemas não são propriedade de uma geração, quer dizer, nem só os velhos são esquemáticos.

Também existem os autodidatas que aprenderam... com as mentiras dos homens, começando pelas frustrações de seu pai e dos amigos, as mentiras do clube, com suas comparações e exageros, as mentiras do trabalho, etc. Com mulheres (com as quais casualmente vão fazer amor... supõe-se) não aprenderam, ou seja, com as destinatárias de seus conhecimentos teóricos não. E se o fizeram, é com mulheres a quem pagam para que os tranqüilizem e lhes mintam sobre o maravilhoso que são, coisa que ela faz com total tranqüilidade de consciência já que recebe pagamento por isso, mais que para outra coisa, que também faz mecanicamente. Resumindo então: estes homens jovens ou velhos... não sabem nada, embora achem que sabem tudo. E assim eles vão.

Não fazem amor com uma mulher mas com eles mesmos: suas referências não se dirigem à mulher, ao corpo ou alma femininos, a seu modo de sentir, mas a uma parte específica de seu corpo: seu órgão sexual, do qual vivem falando como se fosse uma parte diferente dele mesmo. Continuamente o admiram, o elogiam. Duvido muito que estes seres jovens (dos velhos nem é bom falar, são irrecuperáveis, e torraram suas energias e suas potências em Nada) queiram aprender realmente que fazer amor é reciprocidade e que, por mais potência sexual que tenham (nesse momento de suas vidas, depois não), o que não têm (ternura, preocupação por ela e seu prazer, desejos de avançar cada vez mais nos prazeres mútuos) nem terão é mais importante do que o efêmero que têm.

Para eles é preciso aplicar esta equação: machismo significa ruim de cama. Repressão: deficiente (são os que não toleram que ela goze mais do que eles ou os que, como não sabem gozar, não permitem que ela o faça).

Entre os reprimidos, os piores o são por razões sociais e/ou convicções, por exemplo, os machos de esquerda fora de moda, que em vez de fazer amor faziam a revolução (nem sequer a paz).

Como é possível que alguém permita que um partido político ou uma religião (para os reprimidos de outro tipo) lhe diga onde, como e com quem deve fazer amor? Que submissão e que castração! Mas se reconhecem – estes e outros – que se enganaram, que foram erroneamente induzidos, que foram contaminados pela repressão, pode ser, pode ser que possam mudar.

Bem, chegamos aos SE solteiros – e também casados ou divorciados que podem valer a pena. O mais certo é que, em vez de ou além de Master e Jonhson, tenham lido livros taoístas sobre o amor e o sexo, e que intuitivamente saibam que esta sociedade repressora trata de castrá-los para convertê-los todos em homenzinhos idênticos. É possível que suspeitem que não há nada tão verdadeiramente pouco manejável como uma pessoa que exerce livremente sua sexualidade e tenham intuído o existencial que é o exercício da sensualidade e da sexualidade. E que, à medida que a gente avança no exercício da livre sexualidade, é mais livre em todos os sentidos. E também fica mais difícil encontrar companheiro(a) sexual. Por isso o jovem tem um motivo a mais para recorrer à mulher madura, que já percorreu – se foi tudo bem – esse difícil caminho.

Muito bem, mas resta outro problema com os solteiros jovens: o Complexo de Édipo não resolvido: eles procuram mamãe, nós, um homem... mesmo depois de anos de investigações descobrimos que continuam procurando mamãe até 1994 e que pode ser que cheguem à etapa adulta aos 72. Assim que, pelo menos, estes são jovens e alegres, não resmungões nem azedos como os demais edipianos.

Vejamos seus preconceitos:

a) "Gosto das mulheres maduras porque com elas posso falar, com as garotinhas não."

b) "Uma mulher madura me ajudará sexualmente." (E se a mulher busca um homem que a ajude?)

c) "Uma mulher madura me ajudará economicamente." Com estes últimos espécimes não se gasta saliva. Se aparecem (aparecerão se a SD é fraca ou aparenta fraqueza), qualquer sugestão sobre conseguir-lhes um trabalho os afastará imediatamente.

d) Existe também uma lenda sobre "a veterana", mulher milagrosa que ensinará o que é a vida e o ajudará em todo sentido. E se "a veterana" passou dez anos criando filhos e sabe menos da vida do que ele?

No entanto, estes homens mais novos costumam ter suas vantagens. São:

- Mais cálidos e espontâneos.
- Menos gastos espiritual e fisicamente, claro.
- Gostam mais de crianças, nossos filhos.
- Menos especulativos e, se superaram o complexo de Édipo, menos exigentes que os demais chatos masculinos.
- Outra vantagem: menos trâmites burocráticos, já que, ao contrário dos casados, não têm que se divorciar e, ao contrário dos divorciados, não têm que pagar pensões alimentícias, nem têm filhos, ex-mulheres, ex-sogras, nem ex-nada.

E quando a relação chega ao fim, não é preciso despejar o marido de casa, nem repartir bens, nem gastar com advogados, etc.

Uma desvantagem dos solteiros jovens: existem alguns muito malcriados, mas estes são justamente os edipozinhos, com os quais você, estimada aluna, não deve se meter porque... nisto bastam seus filhos.

Têm contra si o natural desejo de terem filhos próprios. Embora os mais perfeitos gostem de crianças (nossos filhos) mas não queiram ter as próprias. É a combinação ideal, porque a SD recém se libertou do marido e ainda lhe faltam anos para se libertar também dos filhos. Então para que quer outros?

Bem, certo tipo de solteiro poderia se acertar com Inés, já que ela notou:

– Que os homens de sua idade gostam das mais jovens.

– Que os mais jovens gostavam dela.

– Que os demais não eram livres ou eram divorciados vapt-vupt.

Resumindo: se os de nossa idade ou mais estão casados, ou se divorciam para ser livres (temporariamente) ou se divorciaram para se casar com outra ou gostam de garotinhas... ou de garotinhos... ou são uns solteirões crônicos e insuportáveis que vivem com mamãe ou sós organizando obsessivamente seus pertences ou são machões, ou são uns divorciados cheios de filhos com problemas, ou têm problemas com eles mesmos (por algum motivo eles se divorciaram), que nos resta?

Obrigam-nos a escolher entre os mais velhos e os mais jovens. E então devemos aplicar os saudáveis conceitos da Economia:

"Vende mais o que é melhor e dura mais."

XX

Os viúvos

Meu querido editor me pede que dedique um espaço aos viúvos, já que – inocente como todos os homens no que faz a fragilidade de sua condição masculina – recém se inteirou de que os homens viúvos – que continuam viúvos – sobrevivem menos à viuvez do que as mulheres. Não lhes disse que é inocente?

As viúvas, estimadas alunas e alunos, sobrevivem melhor à viuvez porque faz tempo que a estavam desejando: as mulheres em geral estão fartas de seus maridos, de seus filhos e até de seus netos, e de toda a instituição que as enche desde tempo imemorial.

Quando o marido morre, a mulher se liberta de uma quantidade de coisas que fazia para ele e começa a valorizar seu tempo livre para ela e a fazer coisas que talvez nunca fez para si.

Em troca, quando quem morre é ela, ele se vê angustiado porque tem que começar a se valer de si mesmo e já não tem quem lhe faça suas coisas, que ela não faz mais porque – como não se animava a se divorciar – morreu. Ele deixa de ter o tempo livre que tinha para si graças à falecida. Além do mais não tem em quem desafogar as mágoas, a quem incomodar, porque a falecida, para o bem ou para o mal, era seu único consolo. Ele não tem a facilidade das mulheres para fazer novas amizades, sobretudo no final da vida, nem talento para começar novas atividades como fazem as viúvas.

Como verão, tinha minhas razões para não escrever sobre os viúvos. Não os recomendo nem para sair, nem como companheiro e muito menos para se casar. Para ele você não é uma mulher: é sua prova de sobrevivência. Além do mais, por mais que em vida não tenha gostado da falecida, até na morte a usará para torturar a outra mulher: a nova.

Pode ser que haja outros tipos de viúvos, já disse que não me especializo neles. Se é assim, rogo que me desculpem: certamente serão viúvos jovens cuja pobre mulher morreu muito antes de que acontecessem essas coisas.

"A liberdade é algo que todos amam...
mas não nos outros."

Fany Puyesky

QUARTA PARTE

A LIBERDADE... DELA E DE TODOS OS DEMAIS

XXI

ÀS QUE NÃO SE ANIMAM A TOMAR A DECISÃO DO DIVÓRCIO

Se você é casada e se considera feliz pode ler isto, senão... pode ser perigoso para você.

Queridas: não pensem que porque ele paga a comida você deve retribuir com sua vida inteira. O Exército da Salvação também dá de comer... e exige muito menos.

Não nos dirigimos, naturalmente, a todas as mulheres casadas – existem as felizes (?) – mas às que, tendo-se dado conta de uma realidade desgraçada, temem enfrentá-la.

Conhecemos os argumentos: consideram impossível se separar, não sabem ganhar a vida, os filhos sofrem, todo mundo fica mal, etc... Dizemos: não querem sair para enfrentar sozinhas a vida. Têm medo.

Também dirão: comigo não acontece o que aconteceu com a SD da história, os homens não me olham, etc. Mas... querida, por favor, olhe-se no espelho, seja sincera com você mesma e pense se algum homem vai olhar para você assim como está agora: barriguinha, com olhos opacos, cara chateada, sem nenhuma informação sobre o mundo exterior, de noite com creme e rolos, e principal preocupação: empregada. Darling, nem um santo olharia para você.

Além disso, filhinha, tudo na vida dá trabalho, embora pense que nunca trabalhou. Não é verdade... trabalhou como casada. Troque de emprego, prove o de divorciada.

Darei a você a seguir umas singelas regrinhas para que se sinta outra:

a) Salão de beleza: tudo o que você precisa e faz anos que adia.

b) Ginástica-dieta: pense que é uma aplicação ao contrário: o que perde em quilos, ganha em atração (supõe-se). Os homens olham primeiro o corpo, depois as pernas, depois a cara... e logo... pode ser que olhem você por dentro algum dia em que chova.

c) Fundamental: roupa nova e moderna (a esta altura já está trabalhando e gastando para você, que é um ser humano).

d) Sorria: a cara não se gasta (se enruga um pouco, sim, mas mais vale rugas de riso do que de amargura, que também existem).

E agora você vai ver que é certo que os homens vão lhe olhar. Não se chateie, não se esqueça de repetir todas as noites: "são corvos rondando, são corvos rondando".

Quando se notar a mudança exterior em sua pessoa, você vai se sentir melhor interiormente, o que, por sua vez... etc., etc.

E agora que você trabalha, que pode se manter, que está bonita e que os homens a olham, o que me diz? Você se animou?

Mas tudo isso leva tempo, exercício e trabalho. Volto a repetir, caso você pertença à categoria de mulheres que:

– Não se sentem à vontade se não têm um homem bem pertinho (dissemos um).

– Uma vez separadas, se se decidem, agarram o que aparece em seguida, que costuma ser um horror.

– Antes de comprar um par de sapatos consultam o marido (embora a ele pouco importe se você vai descalça).

– Numa palavra, que não têm confiança em si como mulheres.

Se você pertence a essa categoria, MMMMM?, eu sugeriria que fique onde está.

Para mexer um pouco mais com o seu chão, lhe presenteio esta:

Indecisão

Canção maligna para mulheres que não se dão
conta de que o tempo passa e não volta mais.

E por que eu
não me animo, por quê?
Pelas crianças, sim senhor,
embora elas não estejam bem.
Por meu marido, isso sim,
embora ele sim esteja bem.
Dorme, come, nem me liga.
Quando liga, neca pau, que tal?
Por minha sogra, pobre bruxa,
um infarto, na certa
(nunca teve nada, mas...)
Por minha mãe, pobre anjo,
não poderia me ajudar
tão ocupada em suas canastras.

E então, por quê? Ai!
Ah, sim, claro, por mim,
eu sim estou muito mal
mas isso não é tão grave
(não tenho que trabalhar).

Já sei que tem um apartamento,
os homens são sempre assim.
Já sei que não me quer,

mas isso acontece a todas.
Realmente... há que pensar.
Vender os carros, as casas,
não poder nem veranear...
Valerá a pena, pergunto?
Poderei me casar de novo?
Quantas ações me tocam?
Amanhã verei um advogado
de repente é leal... e livre.

XXII

Minhas amigas, as viúvas

Viúvas! Viuvinhas que foram felizes com seus maridinhos que morreram há tempo, como vocês são ingênuas! Acreditam no amor, pensam que é facílimo encontrá-lo, não tiveram desilusões (já vão tê-las). Ó, cândidas viuvinhas!, reparem que aos olhos dos homens vocês à primeira vista são iguaizinhas às divorciadas! Pensam que por acaso eles – corvos – são tão sutis? Pois não.

Primeira lição

Preparem-se, viuvinhas. Comprem este manual e estudem-no todas as noites. Vocês são as que dele mais necessitam. Prestem atenção especialmente no corvo-espremedor.

Repitam conscientemente suas singelas regras até que se gravem em suas cabecinhas cheias de devaneios românticos. Não é que eu as queira enganar. Ao contrário, eu as protejo como a ternas pombinhas de tenebrosos gaviões que, de outro modo (sem manual), as destroçariam.

Há vários tipos de viúvas, vejamos

– Ingênuas e sem experiência. Já falamos dessas coitadas.

– Reincidentes pela primeira vez: já têm dois maridos mortos. Bem, já não são tão ingênuas nem tão inexperientes (nem tão jovens também). Penso que é difícil que elas precisem deste Manual, mas nós, generosas, também o dedicamos a elas, sempre e quando nos retribuem com a história do método utilizado para conseguir o segundo marido... e principalmente para "desconsegui-lo"... sempre que seja de forma legal.

– Reincidentes pela segunda vez: que agüentem!

MARIDOS

– Reincidentes pela terceira ou mais vezes: sem palavras.

Viuvinhas: a viuvez tem suas vantagens. Sejamos cruas porém sinceras.

– Vocês podem idealizar para as crianças a imagem do pai morto. Em troca, a divorciada dirá sempre: "Igualzinho a seu pai, o sem-vergonha", ou "que cruz, a herança", etc.

– A auréola de viúva é mais chique do que a de divorciada. Os homens morrem menos ou as mulheres se divorciam mais. Mas o certo é que é muito mais distinto.

– Se seu falecido foi alguém importante pode utilizá-lo a torto e a direito, enquanto que se você é divorciada nem o nome lhe resta.

Agora, uma advertência às garotinhas

Queridinhas: o negócio é delimitar campos. Se vocês se empenham em querer monopolizar os de nossa idade, diremos algo que não lhes agradará: cuidem-se conosco. Não queremos declarar guerra – seria horrível –, mas já lhes demonstramos que os solteiros nos preferem, os casados nos preferem... Mas, não se chateiem, no seu devido tempo também chegará o seu momento. Filhas (por favor, não nos chamem de mãe, não é para tanto): VOCÊS NÃO TÊM OPÇÃO.

Eu não ia lhes dizer mais nada, mas não resisto à tentação de mostrar esta situação: numa dessas vocês topam com um marido ótimo, veterano, mas com filhos casados, noras (PASSAM A SER SOGRA, HORROR!), netinhos (PASSAM A SER VOVÓ, DIRETAMENTE!). O que conseguem com isto? Nada. Nada. Eles não lhes servem, garotas!

Dirijam a sedução aos de suas idades – embora sejam menos impressionáveis do que os veteranos – e vocês sairão ganhando. Devido ao saudável princípio econômico a que já nos referimos, terão maridos em melhor estado e por mais tempo.

XXIII

FAÇAMOS JUSTIÇA

Não gostaríamos de ser injustas e esquecermos de alguém (cada um deve receber sua parte).

Vejamos:

– Os casados que dizem que estão se divorciando: ir a uma advogada confirmar.

– Os divorciados que dizem que não se casam: ah, ah.

– Os solteiros que vivem com a mamãe e dizem que se casam: que se casem, mas não com você.

– As casadas que dizem que se divorciam: até que se divorciem, não deixe que usem você como companhia. Você sai com gente livre. Se não se animam, pior para elas.

– As casadas com homens casados (excluindo as de cima). O que acontece? São cegas ou o quê? O quê? É que... Ah, bom!

– Nossas alunas, as SD e futuras divorciadas. Às vezes vocês fazem de conta que não entenderam e permanecem demasiado com um corvo ou um com SE. Bem, assim não vale. Pensam que não tivemos trabalho nenhum para fazer este livro para a educação de vocês? Isso de tomarem o que lhes convém e continuarem em ritmo de farra...

Nada disso, minhas estimadas SD. É preciso seguir as instruções até o final.

Recuso desde já o que a esperteza de algumas de vocês fizer a sociedade me atribuir. Está claro?

– As segundas, terceiras, etc., etc., esposas. Também merecem justiça. São elas que permitem o processo de libertação da SD, ou seja, que logo após o casamento do ex-marido correspondente da SD, ele pode adoecer, ter um acidente, envelhecer, sem que ela seja afetada por nada: ele já tem outra inteligente mulher que dele cuidará. Realmente, é preciso agradecer estas sacrificadas esposas nº 2, 3, etc.

– Os SE: só resta pedir a estes familiares personagens que não façam onda. Este Manual lhes dá alguns puxões de orelhas e também alguns conselhos que podem ser aproveitados para subir conscientemente de categoria: de SE à de Homens. Portanto, não vale a pena se chatear com a autora e tachá-la de odiosa feminista. Somos feministas, claro, já que somos fêmeas. Não vamos ser machistas sem ter os atributos físicos masculinos. Por favor, cada um na sua.

Conclusão

É isso, querida, é isso
e o pior é que eu
não posso lhe dar
melhor solução.
Assim, só me resta
lhe dizer adeus
esperando que você fique
hoje mais armada
que ontem, quando, desprevenida,
os sujeitos a atacavam.
Toma-o com filosofia,
verás que depois do Manual,
muito mais manejáveis
os encontrará.
Portanto, muita sorte
adeus, *good-bye*.

MAIS UMA REFLEXÃO: A LIBERDADE

Acho, claro, que se o divórcio pode produzir mudanças negativas na economia da casa (muitas vezes são positivas para algumas mulheres que começam a produzir), sua melhor conseqüência, única e maravilhosa é a liberdade.

A liberdade é um bem escasso... é algo que todos amam... sempre que os outros não a tenham. Os que não são livres não toleram a liberdade alheia, e tratarão uma ou outra vez, minhas queridas alunas, de fazer com que vocês percam esse bem precioso e escasso que adquiriram graças a seus esforços, para que não o desfrutem demasiado. Não esqueçam que a sociedade acredita que as mulheres nasceram para sofrer... e a melhor forma de sofrimento que se inventou vocês já sabem qual é... essa da qual vocês inteligentemente fugiram.

Vocês encontrarão muitas surpresas, principalmente entre seus amigos, que lhes apresentarão, ou tentarão fazê-lo, seres tão inapresentáveis, chatos ou velhos que vocês começarão a duvidar se os "apresentadores" são ou não seus amigos. Sim, são... só que não estão preparados para a liberdade de vocês.

Preparem-se para que todos, homens e mulheres, tenham inveja de vocês e que sejam mais os homens do que as mulheres. As mulheres admirarão a capacidade de vocês de ficarem sós e se invejarem alguma coisa será a tranqüilidade e a capacidade de trocar de homens que vocês adquiriram (logo depois de lerem este livro); aos homens, em troca, a liberdade de vocês será insuportável, sobretudo a sexual (daí que queiram domesticá-las). Por quê? Ora, por quê! Como uma mulher pode ter mais liberdade do que eles? Isso significa que eles são uns frouxos que não se atreveram a ser livres (esclareço que falo dos que deveriam se divorciar e não o fazem) e que não sabem viver se não têm uma mulher que os banque, e que toda a liberdade deles é da boca pra fora e se baseia em ter uma escrava que lhes permita aparentar serem livres diante dos outros... e, sobretudo, das outras... até a hora de saírem correndo para o lar porque, no fundo, até os mais valentes revolucionários de outros tempos, que não temiam nem a guerra nem o exército, nem os mais temíveis generais, que não temiam a guerrilha nem os terroristas... todos, sem exceção, temem suas mulherzinhas.

E nem se fale dos que não foram nem uma coisa nem outra.

Quanto a vocês, minhas queridas alunas, agora que têm os guarda-roupas e os banheiros só para vocês, que pensam? Não é que eu reduza o tema da liberdade a tais coisas, como certamente dirá algum idiota que resiste a que eu diga às mulheres coisas que – pensa – podem fazer perigar sua comodidade.

Mas, se além dos guarda-roupas e dos banheiros vocês não têm ninguém que as chateie perguntando bobagens, e ademais têm tudo o que querem fora de casa... lhes parece que algum destes exemplares que ainda não se aperfeiçoaram e insistem em perguntar coisas e em exigir coisas, lhes serve?

Talvez quando tenham se aperfeiçoado possamos mudar novamente de idéia... só que temo a passagem de pelo menos um século.

EPÍLOGO PARA INÉS

E o que acontecerá com Inés?

Não tenho a mínima idéia.

Mas acho que saberá se mostrar diante do homem propriamente dito tal qual é. E esperamos que ele (se é realmente um HPD) não se importe que ela seja inteligente ou não o seja, que ganhe mais do que ele (menos não lhe importa, nem que tenha herdado também, o que incomoda é o que ela ganha), que seja independente, tenha outros interesses que não seja ele ou os dele ou que não os tenha, porque ele deverá ver nela o que ela é, e não o que ele quer que ela seja, ou o que faz ou o que parece ser.

Espero que encontre esse homem, e que não se conforme com outros que não sejam assim, salvo para se divertir com eles.

Enfim, o que pode acontecer com Inés é, no fundo, o menos rotineiro: seguir ampliando seu homenigrama até que se aborreça.

O que desejo mesmo é que não esqueça jamais que o mais importante em sua vida é... ela mesma.

Dicionário informativo

Crunch: Comível.

Crunch, crunch: Altamente comível.

Quatricentauro: Personagem mitológico muito abundante no Río de la Plata. Ver Capítulo XIII.

Corvos: Ver Prólogo.

Esposa: Ser de sexo indefinido que serve para realizar trabalho doméstico de forma gratuita.

Esposo: Ser de sexo indefinido que serve para... para que era?

Glup: Gole de água

HC: Homens casados.

HD: Homens divorciados.

HPD: Homens propriamente ditos.

Mmmmm: (pensa).

Casamento: Associação para se cometer crimes contra a gente mesmo e contra pobres crianças indefesas.

Puah...: Contam cada história que...

Retroativo: Era o outro dicionário que você deveria ver.

SD: Sujeito Divorciada.

SE: Sujeito Experimental.

Speech: Cada vez que um homem fala.

Muito tempo, flores, perfumes, bombons, champanhe e caviar: relação amorosa perfeita.

Galeto e garrafinha de vinho: sinal indispensável do fim da relação amorosa. É a tentativa de transição da relação amorosa para a doméstica.

Casal: mentira inventada pelas direitas e sobretudo pelas esquerdas para foder com a vida das mulheres.

Filhos: verdade inventada pela Natureza com iguais propósitos.

Companheira: besteira cunhada pelas esquerdas dos anos sessenta e setenta para convencer as mulheres de que podiam viver de jeans desbotados e baratos e sandálias toda sua vida, enquanto eles olhavam as que usavam minissaias e saltos altos.

Família: instituição sacralizada pelas direitas e pelas esquerdas para explorar gratuitamente o trabalho feminino.

Divórcio: libertação inventada pelas leis feitas pelos homens para favorecer a estes, mas que, sem querer, favorece atualmente às mulheres, já que as liberta dos anteriormente descritos.

Amigos homens: Bem, pobres, mas alguns de tanto em tanto lhe impingem um Sermão das Montanhas sobre a vida da divorciada... mas não gostam de escutar nada sobre si mesmos.

Casal de amigos(as): liquidam a amizade com o amigo(a) através do controle onipresente.

Amigas mulheres: às propriamente ditas, nada a objetar, ou seja, com as que refletimos, não com as que nos contam coisas horas e horas sobre – pior ainda – um só homem. Se é sobre vários ao menos não nos chateamos... por um tempo.

Dedicatória

Aos homens propriamente ditos: a Carlos Bello, a quem li quatro vezes na primeira edição. A meu secretário dessa época.

A minhas amigas e amigos... todos se riram.

A minha psicóloga desse tempo, a Dra. Myreya Ortega Frioni (o que pensa Woody Allen? Que só ele tem? Além disso minha terapia foi melhor... olhem os resultados da de Woody, e isso que dura trinta anos...).

Às alunas, SD e futuras divorciadas.